まず、ちゃんと聴く。

コミュニケーションの質が変わる「聴く」と「伝える」の黄金比

櫻井将

日本能率協会マネジメントセンター

刊行に寄せて

篠田真貴子

前職の株式会社ほぼ日を辞めて1年強の期間、私は「ジョブレス」と称して仕事をせずに過ごしていた。時間がたっぷりあったので、さまざまな方と会った。たいてい「篠田さんは次はどうするのですか」と質問される。毎回、一生懸命に考えながら答えているうちに、少しずつ自分の考えや気持ちが整理されていった。

また、私が答えると、今度はその方自身がこれまで経験した大きな人生の岐路や課題について、問わず語りをしてくれることも少なくなかった。

皆さん、なぜ私に話してくれるのか……。ある時、気づいた。「今の篠田さんなら話を聴いてくれる」と、相手が無意識のうちに感じたからではないか。人は、相手が聴いてくれると感じて初めて、心の内を話す。そうして話すうちに、自分の考えや気持ちが言葉になり、自分自身に対する理解が深まる。「なるほど、聴くってすごいことなんだ」と目を開かされた。

こうして「聴く」ことの価値と可能性に気づいた私は、好奇心の趣くままに探求を始めた。その中で、社外からの1on1という形で、「聴かれる機会」を企業で働く人々に提供するエール株式会社というベンチャー企業と出合い、2020年3月に参画した。同時期にアメリカで発売されたばかりの"You're Not Listening"という書籍を読み、感銘を受け、ご縁がつながって日本語版である『LISTEN』(日経BP)の監訳を引き受けた。

本書は、エール代表の櫻井将さんが、企業で働く人々が「聴く」「聴かれる(聴いてもらう)」ことに何年も向き合って蓄積した知見を整理したものだ。エールは年間3万回の「聴く」セッションを提供し、櫻井さん自身も年間約50回ものセミナーや研修で管理職を中心とする働く人々に「聴く」とはどういうことかを伝え、その方々の実践を支えてきた。私も「聴く」をテーマに講演をするが、大事な部分は全て櫻井さんから学んだものだ。

本書の魅力はいくつもあるが、第1に挙げたいのは、『まず、ちゃんと聴く。』というタイトルが示唆するように、「聴く」ことだけでなく、次のステップである「伝える」こと、さらには2つの両立の仕方までを十分な紙幅を割いて扱っていることだ。これは、現代の企業が直面する事業変革と組織変革に欠かせない視点だ。

どういうことか、説明しよう。

これまでの上司部下間のコミュニケーションは、上意下達型が有効だった。連続的で均質な生産が価値の源泉となる状況では、社員の均質性が重視される。たとえるなら、ブロック塀のブロックのように、一人ひとりの型を揃えることが重要だ。上司は部下よりも完璧な型に近いという前提のもと、部下に「型からはみ出ている」「型に足りない」と上から指示を伝えて指導することが有効だった。

しかしこれからの企業では、独自性や創造性が価値の源泉だ。そのためには社員の均質性よりも、多様性が重視される。たとえるならブロック塀ではなく石垣だ。大きさや形の異なる石を適切な位置と向きで積むように、一人ひとりの個性を理解して役割分担をしていく必要がある。

そこで管理職は「まず、ちゃんと聴く」ことで一人ひとりを理解する。その上で位置や向きを「伝える」わけだが、ここで従来の上意下達型の「伝える」は逆効果になりかねない。あくまで「聴く」と整合する「伝える」でなければならない。本書が教えるコミュニケーションは、これからの組織の基本となるだろう。

本書の魅力の2つ目は、管理職が直面するコミュニケーションの悩みに肉薄していることだ。例えば、「部下の話を聴くことは大事だと思っているが、それだけでは仕事が進まない、時間がない。指示したほうが早いと感じてしまう」「共感できない相手にはどう接したらよいか」「もうちょっとプライベートな楽しい会話を部下と交わしたい。が、誰もしてくれない」。……こんな管理職のリアルな悩みを踏まえて書かれている。

3つ目の魅力は、「聴く」「伝える」という、ともすれば感覚的になりやすいテーマを論理的に説明していることだ。表面的な手順や方法だけでなく、その背景にある考え方や構造を、順を追って理解できるようになっている。

スポーツや料理などに似て、コミュニケーションは実践知なので、本書を読んだだけで「聴く」「伝える」ができるようになるわけではない。しかし、説明の筋が通って構造の理解まで進むと「なるほど、そういうことなのか」と納得感が得られ、実践してみようとワクワクさせてくれるのだ。

この本は、上司部下間の1on1に取り組んでいる人はもちろんのこと、職場でのコミュニケーションに課題を感じている人、組織風土を改善し事業成果につなげたい人などに読んでいただきたい。

「まず、ちゃんと聴く」。このことが企業の常識となれば、事業のパフォーマンスも組織風土も、大きく飛躍すると私は信じている。

はじめに

とあるセミナーで、参加者から質問をいただいた。

「自分と意見が違う部下の話を聴くには、我慢が必要だと思います。我慢をうまくするためのポイントがあれば教えてください」。

自分の気持ちを我慢してまで部下の話を聴こうとするなんて、なんと素晴らしい姿勢だろう。

しかし残念だが、もし我慢を伴うのであれば、それは聴くではない。

また、このような質問をいただいたこともある。

「部下の話を聴いてしまうと、言われたことを叶えなければいけなくなるので、聴かないほうがよいこともあると思います。そう思う場合でも聴いたほうがよいのでしょうか？」

叶えられないであろう部下の話であっても聴いたほうがよいのかなと悩んでくれる。そういう上司は、部下からの信頼を得るだろう。

しかし本来、話の聴き手は、聴いたことを叶える必要も責任もない。聴くことと叶えることは別物だ。

またこんな参加者もいた。

「夫と子育てについて話すと、いつも言い合いになります。言い合いにならないように、黙って聴いていると、相手の意見に従うことになります。どちらも嫌で、最近では話し合いを避けるようになってしまいました。何かアドバイスをもらえないでしょうか？」

もっと子育てについて話し合いたいのだろう。しかし、言い合いはしたくはない。一方で、相手の意見に黙って従うのも納得がいかない。

本来、相手の話をしっかり聴いた上で、従わないという選択肢はある。聴くことと従うことは別物だ。

どの方も相手の話をちゃんと聴きたいという思いがあるからこその質問だろう。

意見や考え方の違う相手の話を、
我慢をせずに、ちゃんと聴く。
叶えないけど、ちゃんと聴く。
従わないけど、ちゃんと聴く。
これは聴き方次第で実現する。

口を挟むことなく、黙って、相手の話に耳を傾けることが、聴くだと思っている人がいる。しかし、それだけでは聴くとは言えない。そして、聴くというのは、我慢を伴うものでもないし、叶えることや従うことと同義ではない。

では、「聴く」とはどんな行為なのだろう。2つ例を出してみる。

前の部署で結果が出ず、3か月前に異動をしてきた部下。これまでとは全く異なる仕事を始めてまだ3か月の部下に「私は、この仕事には向いていないと思うのですが、大丈夫でしょうか？」と聞かれた時、あなたが上司だったら、どう答えるだろう。

1：「たった3か月でそんなことを言っていないで、とりあえず頑張ってみなさい」と檄(げき)を飛ばす。
2：「最初はみんなそんなものだから、大丈夫ですよ。一緒に頑張りましょう」と励ます。
3：「私も最初はそうでした。最初は向いていないって思いました」と共感をする。
4：「向いていないだなんて、なぜそんなことを思うのですか？」と聞き返す。
5：「この仕事には向いていない。大丈夫だろうか。そんなふうに思っているのですね」と言う。

娘が小学1年生になった。入学をして1か月が過ぎ、ゴールデンウィーク明け。「学校に行きたくない。行かなくてもいい？」と言われた時、あなたが親だったら、どう答えるだろう。

1：「学校には行かなきゃダメ。行きなさい」と指示する。
2：「行ったら楽しいだろうから、頑張って行ってみようよ」と励ます。
3：「長いお休みの後ってそうなるよね。パパ（ママ）も大変だけど仕事に頑張って行かないとな」と共感をする。
4：「えっ、行きたくないだなんて、なんで行きたくないの？」と聞き返す。
5：「そうなんだね。学校に行きたくないんだね」と言う。

どちらも、本書で定義する「聴く」は、5番だ。
しかし、私は5番が正解だと伝えたくて本書を書くわけではない。むしろ、私は聴くだけでは解決しないことがたくさんあると思っているタイプの人間だ。時と場合によって、1番～5番のうち、どの受け答えがよいかは変わる。
傾聴や聴くを扱った他の書籍とのスタンスの違いがあるとすれば、ここが本書の特徴的な点かもしれない。

では、本書を通して、何を伝えたいのか。

私は、**受け答えの選択肢の1つに「聴く」という表現手段を加えるのはどうでしょうか、という提案をしたい。**「そう思うのですね」「そうなんだね」のような「聴く」という表現は、この時代、非常に使い勝手がよい。

多くの人が、事業推進や問題解決、組織の活性化、部下の成長や幸せなどを願って、日々のコミュニケーションを行っているはずだ。その、会社やチーム、部下をよりよくしたいというあなたの素敵な想いを、適切な表現手段をもって受け答えできているだろうか。

この本は、「聴くことが大切だと分かってはいる」「表現手段の1つとして聴くを取り入れたほうがよい」「聴いているつもりだけど、ちゃんと聴けているのかな」、そのように思っている方にぜひ読んでいただきたい。

第1章では、『まず、ちゃんと聴く。』のタイトルに込めた意図をお伝えする。なぜ「まず」なのか、「ちゃんと」とはどういう意味か、「聴く」とはどのような行為なのかについて説明する。また、本書では「伝える」についても扱う。なぜ聴くの本なのに伝えるを扱うのか、そして、聴くと伝えるの黄金比についても第1章で触れる。この章を読めば、本書の全体像が分かる。

第2章では、「聴く」についてお伝えする。

私は「聴く技術」を次のように定義している。

聴く技術＝あり方×やり方

ちゃんと聴くとは、やり方ではなく、あり方だ。あり方さえ整えば、人の話は「ちゃんと」聴ける。あり方の核となる、聴くに有効な信念について説明する。ここが本書で最も重要なパートだ。

次に、やり方（スキル）の解説をする。あり方が「ちゃんと」聴くためのものだとしたら、やり方は「うまく」聴くためのものだ。非言語スキルと言語スキルに分けて説明する。短時間で効率的に聴くためのヒントになるだろう。

また、コンディションについても触れる。どんなに高い技術を持ったスポーツ選手でも、コンディションが悪ければ試合で良いパフォーマンスは発揮できない。聴くも同様、聴く技術がどれだけ高くても、コンディションが悪くては聴けないのだ。

聴く力＝聴く技術（あり方×やり方）×コンディション

このように分解して説明をしていくことで、聴くに対する理解がより深まるはずだ。

第3章では、聴くの先にある「伝える」を扱う。聴いた先には、事を進めるため、相手の成長を支援するための、伝えるという行為が出てくることが多い。

冒頭の2つの質問で言えば、1・2の答え方はもちろん、3の答え方も伝えるに含まれる。聴くを活かすためにも、自分の考えや意見を伝えることについて整理をする。フィードバックについて書かれた書籍が多数ある中で、他書ではあまり書かれていない新しい切り口での伝え方を提案する。

部下を厳しく叱ったり、指導することが難しい時代だ。しかし、優しく言っても伝わらない。アサーションも学び活用してみたがうまくいかない。そのような方には目から鱗の学びとなるだろう。

第4章では、聴くと伝えるの黄金比（両立の仕方）に言及する。

「聴くことは大切だが、言うべきことはしっかり伝える必要がある。どのようにバランスを取ったらよいのだろう」といった悩みを抱えている方へのヒントを提示する。聴くと伝えるの両立には、いくつか定石がある。このいくつかの定石を頭に入れておくだけで、日々のコミュニケーションが楽になるはずだ。

第5章では、聴く、伝える、両立するの3つの技術を高めるための実践のヒントをお伝えする。

それぞれの技術を高めていくために何をしたらよいのか。学習のステージを4つに分けて具体的に何をしていくとよいかをお伝えする。頭で分かっても、すぐにできるわけではないのがコミュニケーションだ。あなたが必要としている力を1歩ずつ高めていくための具体的なアクションを提案する。

第6章では、3つの技術を高めた先に、どのような未来が待っているのか、私に見えている景色をお伝えする。

人的資本、エンゲージメント、キャリア自律、D＆Iという言葉が並び、上意下達のマネジメントに加え、対話によるマネジメントが求められる時代。聴かれることで自己理解を深め、聴くことで他者理解を深める。それにより人は自律的になっていく。

聴くというと上司が部下の話を聴くことを想像することも多いが、部下が上司の意図を受け取る、管理職が会社の意図を受け取ることも聴くだ。聴く、聴かれるが、いかに会社と個人、上司と部下の関係性をよくしていくのか、ということを示したい。

また、聴くという行為は、今の時代における最大のGiveの1つだと私は考えている。あなたの聴くというGiveが、空間と時間を超えて連鎖していく未来を書くことで、聴くの価値と可能性を表現する。

私の聴くへの関心のスタートは、会話のほぼない両親のもとで育ったことだった。少ない言葉と言葉以外の振る舞いから、親の気持ちや考えを必死に受け取ろうとした。それが私の聴くの原点だ。

今では、エールという会社で年間3万件以上のオンライン１on１を企業の管理職を中心とした方々に提供している。聴くにまつわる研修・セミナーは年50回以上、会社経営者としてメンバーとの１on１は年３００回程度は行っている。そこで、聴くこと、聴かれることの価値と可能性を存分に味わっている。

本書は、過去を生きた人々が積み上げてきた叡智を、現代で活用するために再編成しただけなのかもしれない。しかし、今目の前にいる人とのコミュニケーションについて、真剣に考えている人であればあるほど、役に立つヒントが得られる形で整理できたのではないかと思っている。

「まず、ちゃんと聴く」と、コミュニケーションの質が変わる。

コミュニケーションの質が変わると、あなたとあの人の関係性、あなたと仕事の関係性、あなたと会社の関係性、あなたと社会の関係性が変わっていく。
そして、あなたと「あなた」の関係性が変わっていくことを願って、この本を書かせていただく。

2023年10月

櫻井　将

『まず、ちゃんと聴く。』目次

第2章 ちゃんと聴くを分解する 71

第3章 伝えるを分解する

第4章 「聴く」と「伝える」の黄金比

第5章 「聴く」「伝える」「両立する」3つの技術を高める 237

第1章

まず、ちゃんと聴く。

「まず、ちゃんと聴く。」とは？

3つの言葉に込めた意図

本書のタイトルである『まず、ちゃんと聴く。』は、「まず」「ちゃんと」「聴く」という3つの日本語で構成されている。

なぜ「ちゃんと聴く」だけでなく、「まず」が含まれているのか。なぜ「まず、聴く」だけでなく、「ちゃんと」が含まれているのか。

ここについて第1章では説明しておきたい。「聴く」はもちろんだが、「まず」も「ちゃんと」も本書では欠かすことができない存在だ。本章では、3つの言葉を説明することで、本書の全体像を示す。

「まず」ということは、その次に何かがある。

聴くというのは選択し得る表現手段の1つである。あくまで手段であって目的ではない。

本書を手に取っていただいた方であれば、聴いたほうがよいことぐらい、なんとなく実感があるだろう。それと同時に、聴くだけでは解決しないことがあることも痛感しているのではないだろうか。

コミュニケーションがうまく噛み合わない時ほど、「まず」聴くができると多くの場合でうまくいくと私は考えている。ただし「ずっと」聴くのではなく、「まず」聴くだ。

「ちゃんと」というのは、解釈が非常に難しい言葉だ。

「部下の話をちゃんと聴きましょう」と研修で言われたことがある管理職は多いだろう。しかし「ちゃんと」とは何なのだろうか。

「ちゃんと」の解像度が上がっていくことで、自分は聴いているつもりなのに「ぜんぜん聴いてくれないですね」と言われることが減っていくはずだ。

逆に、必要以上に聴きすぎてしまい、時間を浪費してしまうことを避けられるようにもなる。

そしてそもそも「聴く」とは何なのだろうか。詳しい説明は第2章に譲るとして、最初に「聴く」の定義を明確にしておく。

本章では、理解のしやすさを考慮し、「聴く」「ちゃんと」「まず」の順番で説明する。

「聴く」とは？

withoutジャッジメントで、耳を傾ける行為

最初は「まず、ちゃんと聴く」の「聴く」から、考えていきたい。聞くではなく、聴くという漢字を使っている。聴くとは何なのだろうか。

相手の話に意識的に耳を傾けることが、聴くだと思っている人が多い。しかし、私の定義では、意識的に耳を傾ける＝聴くではない。

「部下の話、ちゃんと聴いているよ」と思いながら、内心では「本当に聴けているのだろうか？」と不安を抱えている人も少なくはないだろう。その不安は、「聴く」という言葉の定義が曖昧な故に起きているのではないかと私は考えている。

本書では**「自分の解釈を入れることなく、意識的に耳を傾ける行為」を聴くと定義する。**

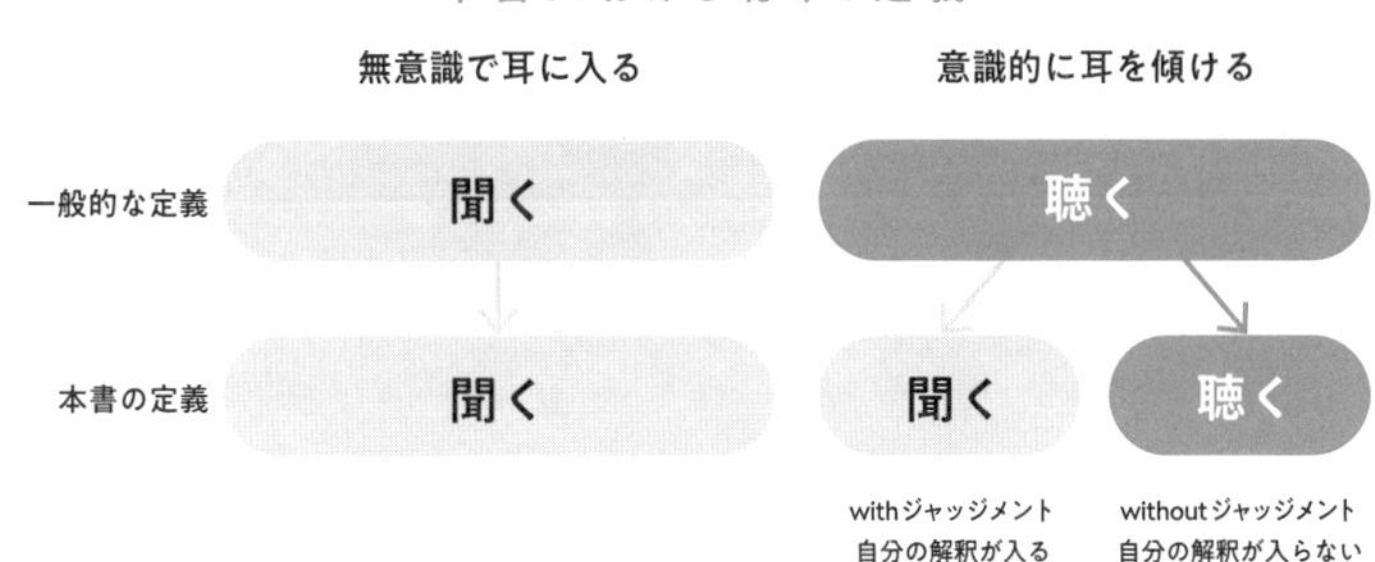

研修などでお伝えすると、英語の方が分かりやすいと言ってくださる方もいるので、別の言い方をしておくと**「withoutジャッジメントで、意識的に耳を傾ける行為」**が聴くだ。

一般的な定義はこれとは異なる。意識せずとも耳に入ってくる時には「聞く」、意識的に耳を傾ける時には「聴く」とすることが多い。

しかしこの一般的な定義では、現実世界において不都合が多い。一所懸命に相手の話に耳を傾けていたのに「ぜんぜん話を聴いてくれないですね」と言われたことはないだろうか。

これは、聴くの定義が粗い故に起きてしまう現象だ。

一般的な定義で「聴く」と言われる、意識的に耳を傾ける行為を「自分の解釈が入るか、入らないか」で2つに分ける。すると、職場や家庭などの日常生活においてより実用的な定義になっていく。

聞くと聴くの違い

聞く
with ジャッジメント

聴く
without ジャッジメント

やっぱり子どもには小さな頃から
英語を学ばせるべきですよね！

やっぱり子どもには小さな頃から
英語を学ばせるべきですよね！

そうですよね、私もそう思います
or
そうですかね、私はそうは思いませんが

そういうお考えなんですね
そう思った背景を教えてください

少し具体的な例で話してみよう。

知人から「やっぱり子どもには、小さな頃から英語を学ばせるべきですよね」と言われたとする。スマホを触りながら聞いているとしたら、これは聴くではないのは分かるだろう。音としては耳に入ってくるが、意識的に耳を傾けているとは言えない。これは聞くだ。

ここで、「そうそう、私もそう思う！」という反応と、「そう思っているんだね。そう思った背景をもう少し教えて」という反応の違いを考えてみたい。どちらも意識的に耳を傾けているが、前者には、自分の解釈が入っている。つまりwithジャッジメントで耳を傾けている。後者は、自分の解釈が入っていない。つまりwithoutジャッジメントで耳を傾けている。

このように、一般的な「聴く」をさらに2つに分けることを、本書では提案したい。自分の解釈が入るか入らないか、withジャッジメントかwithoutジャッジメントかで、聞くと聴くの境界線を引く。

この「解釈」「ジャッジメント」という言葉には、評価、分析、判断などが含まれる。先ほどの「子どもの英語」の例で言えば、

● 「それは素晴らしい考え方だな」「よくそう言われるけど、それ実は間違っているんだよな」という評価
● 「この人は海外生活をしたことがある人なのだろうな」「英語にコンプレックスがあるのかな」という分析
● 「この人とは仲良くなれそうだな」「ウチの子にも、そろそろ英語を学ばせないとな」というような判断

このようなことを、「自分の解釈が入る」「withジャッジメント」と言っている。仮に言葉には出さずに黙っていたとしても、頭の中で自分の解釈をしていたら、その行為は聴くではなく、聞くと定義する。

このような私なりの聴くの定義を伝えると「聴いていると思っていたけど、聴けていな

かったかも」と言われることが多い。

そして「解釈を入れず、withoutジャッジメントで話を聴くって難しそう。できるかな」と言われることもある。

しかし、安心してほしい。この切り口で聞くと聴くを分けて考えたことがなかっただけで、慣れてしまえば、聴くはそんなに難しいものではない。

聞くと聴くの違い：特徴とメリット・デメリット

無自覚なだけで、多くの人がwithジャッジメントの聞くと、withoutジャッジメントの聴くを自然に使い分けている。できれば、聞くと聴くの違いを理解した上で、状況に合わせて意識的に最適な選択をできるようになりたい。

違いを理解するために、それぞれの特徴やメリット・デメリットを整理する。

まず1番の違いは、視点の違いだ。相手の話を自分の視点から解釈するのが聞くで、相手の話を相手の視点から解釈しようとするのが聴くである。

聞くは、自分なりの解釈をするため、同意する・反対する、従う・従わないという反応になる。一方、聴くは受け取る、寄り添うという反応になる。評価も、分析も、判断もすることなく、「あなたは、そう考えているのですね」と聴き手の解釈を入れることなく話を受け取る。

この反応の違いが、共感の違いを生む。

聞くは「私もそう思う」という共感になる。メリットは強い共感を示せるところにある。一方でデメリットは、自分と異なる意見・考え方には共感ができないことだ。

聴くの最大のメリットは「あなたはそう思うのですね」「そう感じるのですね」と、仮に自分とは異なる意見・考え方であっても共感的に関われることにある。デメリットは、聞くほど強い共感を示せない。

一般的に共感と言うと、聞くの共感のことを指すことが多い。また、カウンセリングの世界では、聞くの共感のことを同調（シンパシー）、聴くの共感のことを共感（エンパシー）、と定義されることもある。

また、視点の違いは、立ち位置の違いや関心の向け先の違いになって現れる。
聞くは相手の正面に立って、自分から相手に向かって関心の矢印が向かう。
一方、聴くは相手の横に立って、関心の矢印は、相手の関心事に向かう。

横並びで同じ景色を見るようにするのが聴くだ。

「相手」もしくは「自分の関心事」に関心が向くのが聞く。「相手の関心事」に関心が向くのが聴くだ。この立ち位置の違いや関心の向け先が、思考や問いの違いとなる。

聞くは「この人はどんな人だろう」「なぜこんなふうに考えるのだろう」と、相手に対する評価的、分析的な思考が生まれやすく、「なぜ」という疑問詞が出てきやすい。

場合によっては、相手の関心事を自分の関心事にすり替えてしまうケースもある。

一方で、聴くは「この人には何が見えているのだろう」と相手の関心事に関心が向きやすく、「なに」という疑問詞が出てきやすい。「この人は何を考えているのかな」「何を感じているのかな」という、聴き手側の意図が含まれない問いが生まれてくる。

「なぜ、そう思うのですか?」という分析的な問いも、「何が、そう思わせるのですか?」という意図のない問いも、一見、大差ないように思える。

しかし、どの立ち位置に立って、どこに関心を向けて問いかけられるかによって、似た言葉が使われた質問だとしても、質問の受け手に与える印象は大きく変わる。ここが質問の面白いところだ。

withジャッジメントで分析的に問いを投げかけられると、話し手は既知のことを回答し

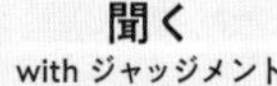

	聞く	聴く
関心	相手（もしくは、自分の関心事）	相手の関心事
思考	この人はどんな人なのだろう？ なんでこういうふうに考えるのだろう？	何が見えているのだろう？ 何を感じているのだろう？
問いの種類	なぜ？ （Why）	なに？ （4W1H：What/Where/When/Who/How）
問いの対象	既知の自分にアクセスしやすい すでに気づいている思考／感情など	未知の自分にアクセスしやすい 自分でも気づいていない思考／感情など
視点	自分視点（解釈しながら）	相手視点（解釈を脇に置いて）
反応	同意する／反対する、従う／従わない	寄り添う、受け止める
共感	「私もそう思う！」 自分と同じ意見・考え方には共感可能	「あなたはそう思っているのですね」 自分と異なる意見・考え方にも共感可能
関係	上下関係になりやすい	横の関係になりやすい

やすい。「なぜそう思うの？」と聞かれると、自分の中にすでにある答えを返そうとする。

一方、withoutジャッジメントで、横に立って同じものを見ながら問いを投げられると未知の答えを探しにいきやすい。「何がそう思わせるの？」と聴かれると、自分も気づいていなかった答えを一緒に探しにいこうと思うのだ。

これは、実際にそういった体験をした人にしか分からない感覚かもしれないが、現時点では「そういった違いがあるのだな」程度に受け止めていただければ十分だ。


聞くと聴くにはこのような特徴と、メリット・デメリットがある。

これはどちらかが良くて、どちらかが悪い、というものではない。

相手の意見や考え方が自分視点で共感できるものであれば、その時は聞けばよい。そちらの方が事はうまく進む。

一方で、自分とは異なる意見や考え方が目の前に現れた時には、聴くを使えるとうまくいきやすいだろう。

それぞれの違いを理解し、自分が今どちらをしているのかに自覚的になり、その状況において最適な選択ができることが大切だ。

ここまで、本書としての聴くの定義を示してきたが、まだ聴くとは何かが分からなくても大丈夫だ。第2章でより詳しく説明をする。

「ちゃんと」とは？

聴くとは、我慢することでも、従うことでもない

次に「まず、ちゃんと聴く」の「ちゃんと」を考えてみたい。

ちゃんと聴く、と言われて、どんな状態を想像するだろうか。


小学校の頃、先生から「人の話はちゃんと聞きましょう」とか、「先生の話はちゃんと聞きなさい」と言われた記憶がある人もいるかもしれない。

また親から「お母さんの話、ちゃんと聞いている？」と言われたことがあるかもしれない。

この時の「ちゃんと」には、次のような要素が含まれていたのではないだろうか。

①黙って（口を挟まずに、相槌を打って、頷きながら）
②我慢して（退屈でも、自分の意見があっても）
③従う（不平・不満があっても、納得できなくても）

一般的には、①のようにしていることが、ちゃんと聴くだと思われていることが多い。つまり、一般的な定義の意識的に耳を傾ける聴くだ。しかし、本書の定義としては、仮に①のように振る舞っていても、頭の中で自分なりのジャッジメントをしていれば、それは聴くではない。

また②に関しては、聴くとは全く異なる行為だ。退屈だったり、自分の意見を我慢しているのだとしたら、それは聴くではない。

③については、聴くと従うは完全に独立した行為だ。相手の話に従うかどうかはwithoutジャッジメントで聴いた後に、判断するものであり、聴いたからといって従う必要はない。

無意識であっても、聴くと従うがセットだと認識していると、聴くに躊躇がうまれる恐れがある。

ちゃんと聴けているかどうかを決めるのは、「やり方」ではなく「あり方」

では、ちゃんと聴くの「ちゃんと」とは、どのような状態のことを言うのか。

本書では、「**相手の言動の背景には、肯定的意図があると信じている状態で聴く**」が

「ちゃんと聴く」であると定義する。

肯定的意図という言葉が急に出てきたが、この「肯定的意図」というのは本書の中で、最も大切な言葉だ。大切な言葉の１つではなく、最も大切な言葉である。これから本書に事あるごとに登場する。

詳しくは第２章で説明するが、社会のルールや規範、自分の価値観や常識に照らして、善悪正邪を判断するのではなく、全ての人の全ての言動の背景には、その人なりの肯定的意図があると信じるあり方。

このあり方なくして、人の話を「ちゃんと」聴くことはできないと私は考える。

少し想像をしてみてほしい。

もし、昔から付き合いのある親友や、自分の子ども、あるいはいつも温厚な配偶者が、何か社会的に望ましくない行為をしたとしたら。

あなたは何を思うだろうか。

「おそらく何か理由があったに違いない」と考えるのではないだろうか。

その行動をした背景には、そうせざるを得なかった事情や意図があったのではないかと考えること、これが肯定的意図を信じて関わるということなのだ。

もちろんその社会的に望ましくない行為を肯定するわけではない。行動と意図は切り分けて扱う必要がある。

相手が良い行動をした時には聴きやすい。自分と同じ意見や考え方の話も聴きやすい。しかし、相手が悪い行動をした時や、自分とは異なる意見や考え方の話を聴く必要がある時がある。ここで行動と意図が切り分けられず、悪い行動をした人は、悪い意図を持っているに違いないという前提に立つと、ちゃんと聴けない。

「全ての言動の背景には必ず肯定的意図があると信じる」という信念が、聴くの土台となる「あり方」なのだ。これなしに聴くは始まらない。

仮に、どれだけ言葉巧みに話を引き出したとしても、このあり方がない耳の傾け方は、本書で言うちゃんと聴くではない。

ちゃんと聴くとは、この肯定的意図という信念が発揮された状態で、耳を傾けていることである。

この肯定的意図という言葉は、現時点ではまだ完全に分からなくても大丈夫だ。第2章で詳しく説明していくので、ここでは本書の中で最も大切な言葉であることを覚えておいていただきたい。

うまく聴けているかどうかを決めるのが「やり方」

聴くを学ぼうとした時に多くの人が最初に知りたがるのが「やり方」だ。一般的な言葉を使うと「スキル」と言ってよいだろう。

「ちゃんと」聴けているかどうかではなく、「うまく」聴けているかどうかを決めるのがやり方だ。

勘違いしてはいけないのが、スキルが高くても「ちゃんと」聴けるわけではない点だ。

やり方（スキル）は、非言語スキルと言語スキルに分かれる。

日常のコミュニケーションは、主に視覚情報、聴覚情報、言語情報の3つでやり取りされている。

視覚情報というのは、見た目、姿勢、表情、しぐさなどから与えられる情報だ。お坊さんの見た目だったら話を聴いてくれそうだし、椅子にふんぞり返っていたら、本人は聴くつもりがあっても、相手は聴かれている感じがしないだろう。

聴覚情報というのは、声の大きさ・速さ・高さ・明るさで構成される口調や、声質などから与えられる情報だ。

朝、電話をした同僚から、とても明るく大きな声で「おはようございます」と言われるのと、非常に暗く小さな声で「おはようございます」と言われるのでは印象が大きく異なる。言語情報としての「おはようございます」は同じでも、聴覚情報が異なれば違った印象になることが想像できるだろう。

これら視覚情報と聴覚情報をまとめて、非言語情報と言う。

言語情報というのは、文字通り言葉の内容から与えられる情報だ。

「私が行きます」と「私は行きます」は、言葉としてはかなり近いが意味が違う。質問だと「なぜそうしたのですか？」と「何がそうさせたのですか？」は、言葉が少し違うだけなのに、受け手は違った受け取り方をする。

この非言語情報と言語情報を扱うそれぞれのスキルの組み合わせで、うまく聴けているかどうかは決まる。

信念も、スキルも、コンディションが良くないと発揮されない

スポーツゲームでは、攻撃、守備、パワー、コントロールなど、各選手ごとに能力値が設定されている。

このパラメータの中には、コンディションやメンタルもあることが多い。試合当日の心と身体の状態が良いかどうかで、試合での能力値の発揮度合いが変わる。

これが聴く力にもそのまま当てはまる。

ここまで説明をしてきた信念（あり方）、非言語スキル・言語スキル（やり方）が、聴く技術を構成する。

そしてスポーツと同様、どれだけ聴く技術が高かったとしても、心と身体の状態が良くなければ

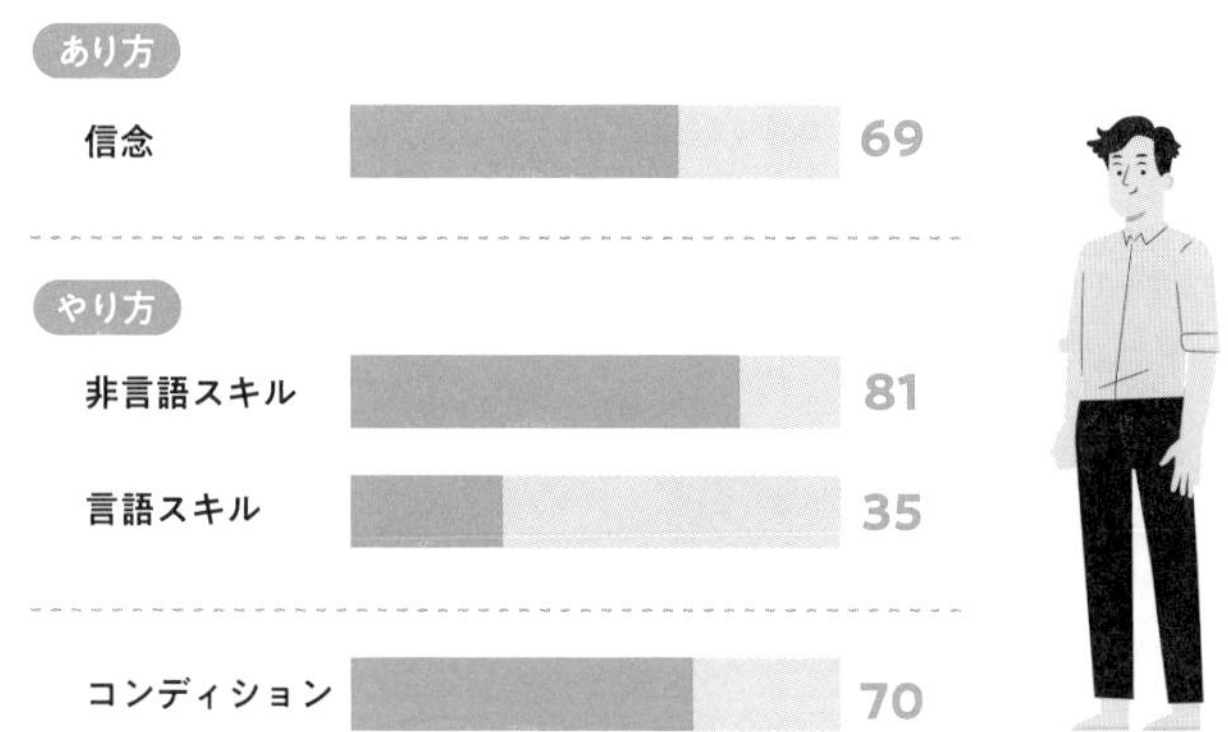

ば、目の前の人の話は聴けない。

方程式にすると、聴く力＝聴く技術（あり方×やり方）×コンディションとなる。

その人が持つ聴く技術は、信念、非言語スキル、言語スキルの3つの要素の掛け算で表される。体積が大きい方が、「聴く技術」が高い。

そして、聴く技術の高さとは別に、その時々のコンディションによって聴く力は変わる。技術の発揮度合いが変わるのだ。

コンディションという最後の変数もかけ合わせた上での体積が大きければ大きいほどに、その時の「聴く力」が高いということになる。

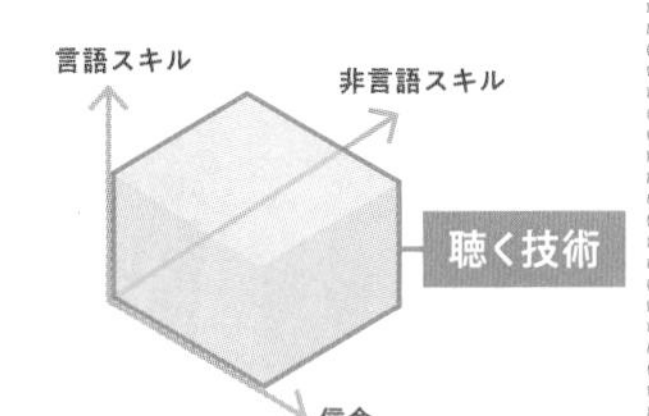

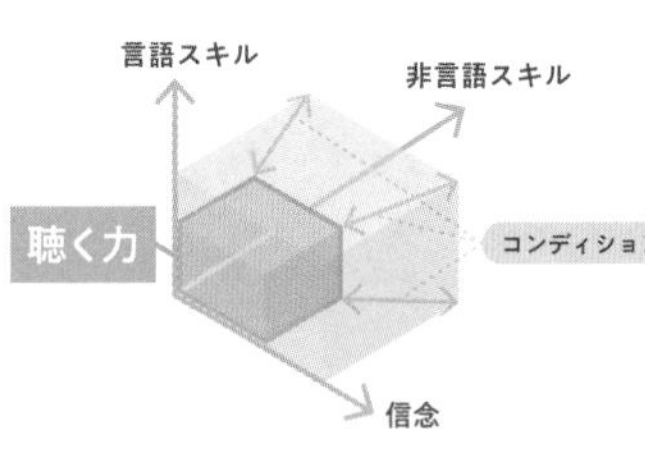

「まず」とは？

聴くだけでは、うまくいかないことがある

最後に「まず、ちゃんと聴く」の「まず」を考えていく。

聴くについてセミナーや研修でお話をさせていただくと、必ずと言ってよいほど耳にする言葉がある。

「聴いているだけじゃ、仕事が進まないのですよ」。

「聴いているだけじゃ、部下が育たないのです」。

「厳しいことも言わないといけない時ってありますよね」。

「ずっと聴いていると、愚痴ばかり出てきて、もう聴いていられません」。

「時間がなくて、聴いている余裕がない時はどうしたらよいのですか」。

どなたも聴くが大切でないと言っているわけではない。聴くのが大切とは思いながら、でも聴くだけではどうにもならない状況がある、ということを訴えている。

私も小さな会社であるが経営者だ。数年前までは、企業の中で管理職をやっていた。そして、小学生の子どもを持つ親だ。みなさんの、こういった言葉が出てくる気持ちは、痛いほどよく分かる。聴いてるだけでは埒が明かない時がある。

だから、本書のタイトルは「ちゃんと聴く」ではなく、「まず、ちゃんと聴く」なのだ。

聴くだけでは課題解決にならないことがある。課題が軽い時には、聴くすらいらない時だってある。「このExcelの関数について教えてください」と言われた時に、「その関数について知りたいんだね。知りたい背景から聴いてもよい？」と相手の視点に立って、相手の関心事に関心を向けて聴く必要なんてない。「あっ、それはこういう意味だから、こうやるんだよ」と教えればよい。

しかし、まず聴くが必要な時がある。マーケティングチームのリーダーから、入念なリサーチの結果「この製品は絶対に値下げするべきです」と言われたことに対して、開発部門のリーダーが「値下げはできないので無理です。以上」と答えて、この議論が終わるとは思えない。

話が複雑、未知のテーマ、葛藤や対立がある、またはこだわりや想いが強い内容である時には、自分の知識や経験、考えや意見を「伝える」だけではうまくいかないことが多い。

そういう時こそ、「まず」ちゃんと聴くなのだ。

そして、何よりも「まず」やってほしいのは、うまく聴くではなく、ちゃんと聴くである。うまく聴けているのかは問うていない。

時間がないかもしれないし、愚痴を言っていたり、不平不満を言っている人の話を聴く余力がない時だってある。また、部下は納得しなくとも「文句を言っていないで、黙って一度やってみな」とビシッと伝えることが必要な時だってある。

ただ、もし仮に、そのような時であっても、信念として「相手の言動の背後には肯定的意図があると信じている」かどうかが大切なのだ。仮に叱咤激励するにしても、聴くのあり方を持っているかどうかは、非常に大きな差となる。

聴いたほうが相手の役に立つアドバイスができる

聴く力は、「何でも話してもらう力」と「解像度を上げる力」に分けることもできる。

聴く時には、まず相手の見ている「絵」を出してもらうことから始まる。

ビジネスにおいて、思っていること、感じていることを素直にその場に出してもらうこ

聴く力①
何でも話してもらう力

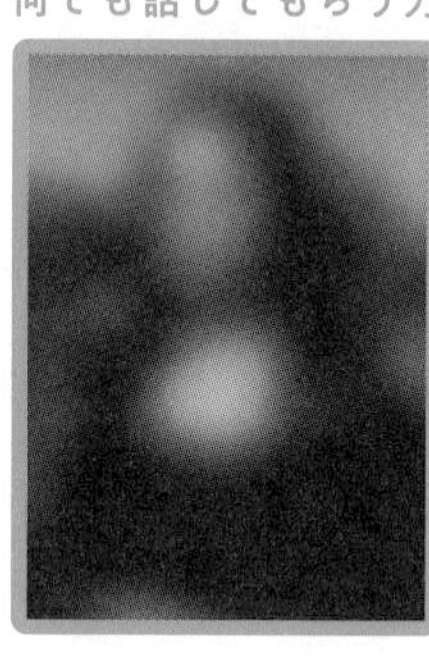

聴く力②
解像度を上げる力

とは大切だ。イノベーションも、課題の早期発見も、率直に話してもらうことから始まる。

正しいか間違っているか、良いか悪いかに関わらず、何でも話してもらう力。本人すらも意味が掴めていない違和感のような感覚的なこと、現場では取るに足らないと思えるような具体事例を話してもらうことが大切だ。

モナリザの絵で言うと、解像度が粗い状態で、自分でもなんだかよく分かっていないけど、気になるから話してみるという状態。「なんとなく」「よく分からないんですけれど」の段階で話をしてもよいのだと思ってもらう必要がある。

明らかに仕事がつらそうに見える部下に「最近どう？」と聞いて「別に普通です」と言われたことが、私自身、何度かある。この人には何でも話してよいんだ、と思ってもらえていないのだ。

コミュニケーションはよくキャッチボールにたとえられる。話すほうが球を投げ、聴くほうはこれをキャッチする。

この時「キャッチしてくれる」と思えないと、話すほうは思い切って球を投げられない。「どんな球を投げても受け取るから安心して投げてね」という、受け手の球をキャッチする力が何でも話してもらう力なのだ。

この**何でも話してもらう力には、あり方である信念と、非言語スキルが強く影響を与える。**

そして、解像度の粗い絵を出してもらったら、次は解像度を高めていきたい。**解像度を上げる力には、言語スキルが強く影響を与える。**課題の解決や、相手の成長に向けて、どの部分の解像度を高めることが有効なのかを考えながら、そこに問いを投げかけていく。

「それってどういうこと？　もう少し教えて」

「今してくれた話、具体的にはどんなことが起きているの？　１つ事例を教えて」

話しているほうも、話し始めた時にはそれがなんだか分かっていないこともある。ただなんとなく気になっているのだ。

イノベーションにつながるのかも、課題なのかも分からない。けれども口に出してもらい、一緒に話の解像度を上げていく。

解像度を上げるだけで、課題が解決することがある。何が課題かが明確になったり、話していくと、考えや気持ちが整理されていくのだ。

コーチングやカウンセリングでよくいわれる、相手の中に答えがあるというような考え方はこのパターンだ。

ぼんやりとした絵を場に出してもらい、一緒にその絵の解像度を上げていく。すると、「あぁ、そういうことだったのか」「なるほど、こうすればよいのか」と答えが本人の中から生まれてくるのだ。

しかし、私は「相手の中に答えがある」という考え方に寄りすぎるのは危険だと思っている。「聴くだけでは解決しない」という声は、聴く力がないからという理由だけでは説明ができない。

相手の中に答えがあるものもあるが、具体的な仕事の仕方・進め方や、未知のものに対しては、相手の中に答えがない場合もある。そういった場合は、実際に知識・経験が豊富な人からアドバイスをしたほうが有効だろう。

実際に意見を伝えたり、アドバイスをするにあたり、解像度を上げることは非常に有効だ。ぼんやりした話にアドバイスするよりも、状況や課題が明確な話にアドバイスするほうが相手の役に立てる可能性が高い。

まれに解像度が低いままアドバイスをしてもよい場合がある。

極めて専門性の高い領域だったり、相手とほぼ同じ状況や立場で同じような経験をした場合だ。

あなたがコンサルタントか、専門の先生・コーチと言われる立場で、あなたの視点から見えるアドバイスを求められている立場であれば、絵の解像度が低いままアドバイスをしてもよいだろう。

しかし、そうでない普通の上司と部下の関係であれば、的外れのアドバイスをしてしまった時の代償は大きい。「この人に話しても、大して聴かれることもなく、的外れなアドバイスが返ってくるから、次からは相談しなくてよいな」と、話をしてもらえなくなる可能性が高まる。

次からも何でも話してもらい、かつ、相手の役に立つアドバイスやフィードバックをできるだけ高確率でしたいのであれば、解像度を上げる力を高めることが重要なのだ。

これらが私が「まず」ちゃんと聴いたほうがよいと思っている理由だ。

聴くだけで解決することがある。しかし、私は、聴くで全てが解決するとは思っていないし、ずっと聴いたほうがよいとも思っていない。

ただ、アドバイスをするにしても、反対意見を伝えるにしても、「まず」ちゃんと聴いてからのほうが、結果的に双方にとって効率的、かつ気持ちよく事が進むのではないか、と考えている。

なぜ聴くの本なのに、伝えるを扱うのか

聴くだけではコミュニケーションは成り立たない

聴くについての本を書いてほしいというご依頼をいただき、聴くについて書き始めたのが２０２０年10月。聴くとは何か、どうやったら聴けるようになるのかということを、牛歩（ぎゅうほ）ではあったが書き進めていった。

しかし、１年半ほど経ったタイミングで、これはダメだなと感じた。

そして、そこまでに書いた原稿を一旦全て捨てた。

何が、ダメだったのか。

コーチングやキャリアカウンセリングを勉強している人に対しての本であれば、「聴く」だけを深めて、表現すればよかっただろう。しかし私は、リアルなビジネスの現場でコミュニケーションに悩んでいる人に常に対面していた。

コーチングやカウンセリングの話し手は聴かれにきている。だから聴くについて深めればよいのかもしれない。しかし、実際のビジネス現場では、聴くはコミュニケーションにおける1つの表現手段でしかない。

もちろん、ビジネスの現場において聴くという行為の重要性が増しているのは間違いない。そのため、聴くへの理解と、聴く技術・聴く力が高まることは大切だ。

しかし、セミナーや研修を繰り返す中で、現場でのリアルな悩みとして、それだけでは解決しない事例をたくさん伺った。

「聴いたほうがよいと思って、コーチングの本を何冊も読んだが、聴くだけでは解決せず、つい自分の考えを押し付けようとしてしまい、結局イライラする」。

「聴くのが大切なのは分かる。だから聴くについて学ぶし、実践はする。ただ、聴くだけではうまくいかない。どうしたらよいのか」。

このような人に役立つ内容にならない限り、聴くは現場では使われない。1年半以上をかけて、やっとそのことに気がついた。

気づいてしまえば、なぜ最初から気づかなかったのだろうと思うくらい当たり前のことだが、コミュニケーションは、聞く／聴くと伝えるの両輪で成り立っている。

伝えるということを扱わず、聴くだけを扱っても、目の前の課題は解決されないのだ。

褒めてもダメ、叱ってもダメ、伝えるの新しい切り口

伝えるということについては、これまでもビジネスシーンで重要視されてきた故、知見も溜まっているし、書籍もたくさん出ている。プレゼンテーション、メールの書き方、自己紹介、フィードバック、アサーションなど、挙げればきりがない。

だから、伝えるということについて、私がお役に立てることはあまりない。

そこで本書では、フィードバックにおける新しい切り口を1つ提案するのと、聴くと伝えるの両立についてお伝えする。聴くということを探求してきたからこそお伝えできる、他書ではない内容だろう。

通常、フィードバックというと、貢献度の高い仕事に対しては褒める、貢献度の低い仕事に対しては教える／叱るというアプローチをする。この貢献度という軸に、発生頻度という軸を加える。すると、伝えるという行為の解像度が格段に上がる。

褒めるのも、教える／叱るのも、発生頻度が高い仕事・振る舞いに対してされることが

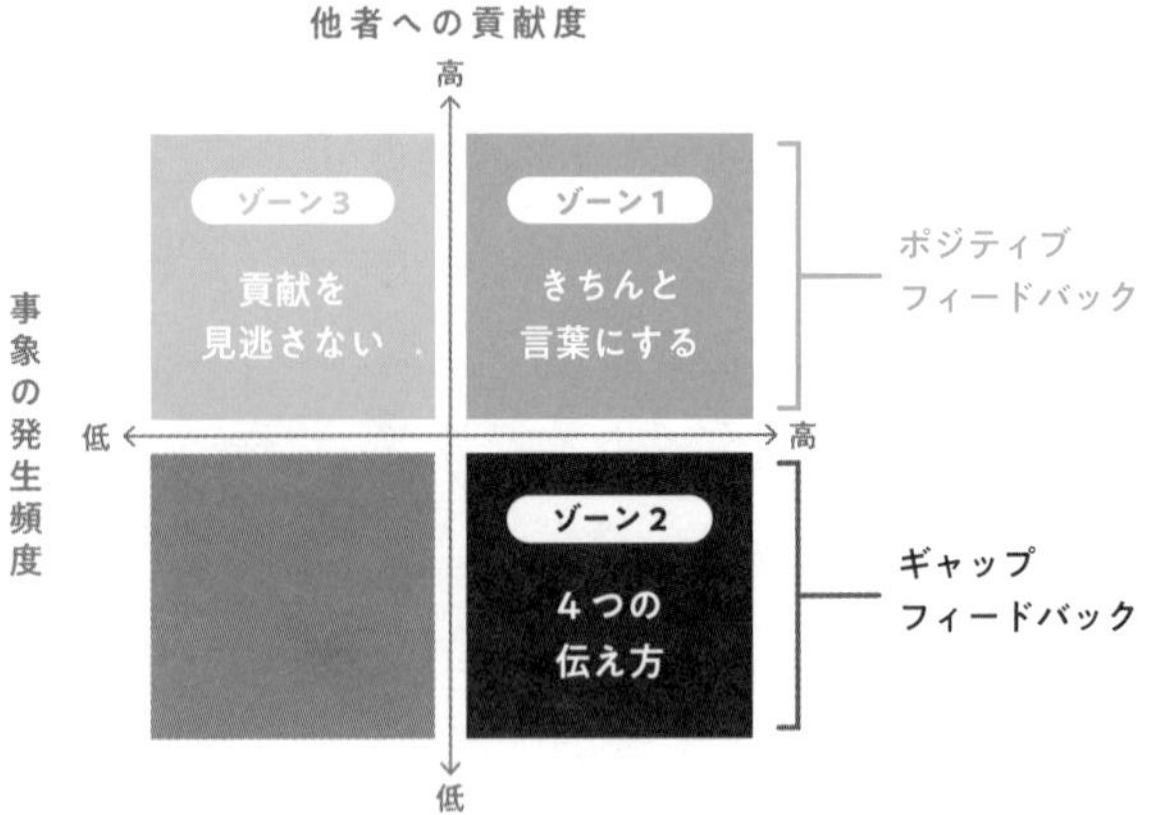

他者への貢献度と事象の発生頻度で
仕事・振る舞いを4つのゾーンに分けて考える

多い。なぜなら、目立つからだ。

例えば、いつも営業成績が良い人は称賛され、感謝される。管理部門であれば、いつもミスなく、正確に、素早く仕事をする人は、褒められるし、評価もされるだろう（ゾーン1）。

逆に、いつも営業成績が悪い人は、教育・指導対象だ。会社や上司に余裕があれば、優しく教えてくれることもあるし、時には厳しく指導されることもあるだろう。

いつもミスが多い人や、いつも仕事が遅い人は、指導される／叱られる。場合によっては、配置転換や異動になるケースもある（ゾーン2）。

本書で特に注目したいのは、発生頻度が低いが、貢献度が高い仕事・振る舞いだ（ゾーン3）。

毎月、営業成績が悪い人が、今月だけ良い成績を残したらどうなるだろう。いつもミスばかりする人が、今回は1つもミスをしなかった。いつも仕事が遅い人が、今回はとても仕事が速かった。

こういうケースがあると何が起きるか。「たまたまだね」と言われればよいほうで、「それぐらい当たり前だよね」と思われて、注目すらされない。

なぜゾーン3に注目したいのか。ゾーン2に対して伝え方を工夫してもうまくいかない事例を説明しながら考えていきたい。まずこの文章を読んでみてほしい。

「砂浜で、2人の男女が手を繋いで歩いているところを、想像しないでください」

あなたの頭の中にはどんなイメージができあがっただろうか。

砂浜に2人の男女がいることを脳内でイメージしてしまわなかっただろうか。

人は否定語を受け取るのが難しい。

例えば、「私が席を外している間、この箱、絶対に開けないでくださいね」と言われたら、どうだろう。私だったら開けたくなる。

電車のホームで「駆け込み乗車はおやめください」というアナウンスを聞き、そんなつもりはなかったのに、駆け込んでしまった経験がある人は少なくないだろう。

言葉としての指示を理性的に判断し行動するよりも、脳内にイメージしたことを実現しようとする習性のほうが、強く働くことがあるのだ。

この人間の習性を上手に活用するのが、会社のビジョンであったり、コーチングで未来をイメージする、という行為だ。

望む未来をありありとイメージすればするほど、その実現可能性は高まると言われている。

逆に、この習性の使われ方次第では、誰も幸せにならない結果を生む。

「いつもミスしてばっかりだね」。

「相変わらず報告が遅いな」。

「1週間で何度、遅刻するんだよ」。

こういった言葉をかければかけるほど、脳内にミス、報告が遅い、遅刻というイメージができる。伝えるほうは相手によくなってほしいと思って言葉を伝えるが、結果的にミス、報告遅れ、遅刻の発生頻度が高まる可能性がある。

もちろん人間には理性がある。ミスを減らそう、報告を早くしよう、遅刻しないようにしよう、と努力して直るケースもある。

しかし、頭では分かっていても直らないことがあるから困るのだ。

そこで多くの方は、伝え方を変えるという工夫をする。アサーションなどを学び、「少しミスが多いから、ミスを減らしてくれると嬉しいな」「もう少し早く報告してくれると助かるよ」といった伝え方を試す。

FBマトリクスで言うと、ゾーン2に対してどう伝えたらよいのかの試行錯誤だ。

それでもミスが減らない。苦肉の策で、直してほしいポイントを避け、違う良いところを褒めるというアプローチに出る。

ミスは多いが、とても誠実で、地道に努力をするタイプの部下に、「とても誠実に仕事をしてくれて、地道に努力も重ねているところが素晴らしいね」と伝える。

つまり、ゾーン2に目をつぶり、ゾーン1に目を向けるのだ。

しかし、そんなことをしてもモチベーションは少し上がるが、肝心の直ってほしいミスは減らない。

さて、どうしたらよいのだろうか。

そこでぜひ試してみてもらいたいのが、「頻度が低いものの、貢献度が高いゾーン3に対して感謝／貢献を伝える」というフィードバックの仕方だ。

直ってほしいところが、教えても、叱っても、アサーティブに伝えても直らない。

そういった場合にはぜひこのフィードバック方法を試してみてほしい。

ミスが多いのも、報告が遅いのも、遅刻も、10回中10回の頻度で起きるわけではない。仮に10回中9回ミスをする人でも、1回はミスをしない時がある。

必ず例外的にうまくいっている時がある。ここを見つけていく。

そしてそのゾーン3の仕事や振る舞いに対して、褒めたり、感謝や貢献を伝えるのだ。

すると、脳内にイメージしたものを実現しようとする習性が働く。つまり、相手がイメージすればするほど、その発生頻度は上がっていく。

ゾーン2の例外的にうまくいっている時であるゾーン3を見つけて、指摘をすると、発生頻度が上がる。こういう原理だ。

「いやいや、原理はわかったけど、それはちょっと現実的じゃないんじゃないの？」と思う気持ちはよく分かる。

「10回中9回ダメなところを見逃して、1回のできたところを褒めるなんておかしい」。

「10回中1回うまくいったところを伝えて本当にその発生頻度が上がるのか」。

そう思うだろう。

詳細は第3章で説明するが、このフィードバックは、私が学んだコミュニケーションの中でも、過去1、2を争うほど革命的だ。フィードバックについて悩んでいればいるほど、知る価値の高いフィードバックとなるだろう。

ぜひこの伝え方を表現手段の1つに加えていただきたい。あなたのコミュニケーションを大きく変えるきっかけになると思う。

聴くと伝えるの両立には、定石がある

コミュニケーションの両輪である聴くと伝えるを個別に扱った後は、聴くと伝えるの両立について扱う必要がある。

伝えるについて書かれた本はたくさんあるが、聴くと伝えるをいかに両立するのか、どうバランスを取るのかについて触れているケースはほとんどない。

これまでの時代は、組織の上部にいけばいくほどに知見や情報がたまっていた。そういった時代には、ピラミッド型の組織、上意下達の情報伝達方法が適していた。上から下に対して伝えることがうまくできれば組織がうまく回る状態だったのだ。

しかし現在は、多くの知見や情報を誰でも手に入れられるようになり、情報の伝達経路が、上から下ではなく、ネットワーク状に変わっている。

そういった状況においては、伝えるに加えて、聴くも大切になる。そして、ビジネスという時間の制約がある中では、両者をいかに良いバランスで行うのか、どのように両立するのかという知識とスキルが必要になる。

この聴くと伝えるの両立は簡単ではない。

聴く技術や伝える技術をそれぞれ高めていくことよりも、実は難しい課題なのではないかと私は考えている。

その理由は主に4つある。

1つ目は、最適な比率に正解がないことだ。本書のタイトルには「聴くと伝えるの黄金比」とあるが、自分と相手の個性や、関係性によって最適な比率は変わる。

2つ目は、時間の制約があること。無制限に時間があれば、お互いに納得するまで、じっくり聴き合って、じっくり伝え合えばよい。しかし、ビジネスである以上、コミュニケーションに使える時間は限られている。

3つ目は、利害関係があると冷静な判断が難しいことだ。関係が近かったり、相手の状況や個性などを知っていれば知っているほど、バイアスがかかりやすいし、感情的になりやすい。

最後の４つ目は、フィードバックがないことだ。

スポーツの技術を高めようとした時、通常だとその道に長けた人がコーチとして存在し、客観的なフィードバックをしてくれる。

しかし、コミュニケーションは、客観的で忖度のないフィードバックをもらえる機会がほとんどない。聴いたほうが効果的な場面で、伝えるという表現手段を選択しても、その選択の是非についてフィードバックをもらえることはないだろう。すると、当然ＰＤＣＡが回らない。

最適な比率に唯一無二の正解はない。しかし、いくつかの定石はある。まさに「まず、ちゃんと聴く」というのは定石の１つだ。

第5章では、そうした定石の中のいくつかをお伝えする。

例えば、取り扱うテーマによって聴くが向くもの、伝えるが向くものを整理した表や、相手のこだわりの強さによって聴くと伝えるの比率を変えること。他には、聴いてほしいか、フィードバックがほしいのかを相手に確認するというやり方なども紹介する。

そのような両立のためのいくつかの定石をお伝えすることに加え、時間の制約や関係性などの理由でうまくバランスが取れない時のヒントもお伝えできればと思う。

本書で扱う内容とその全体像

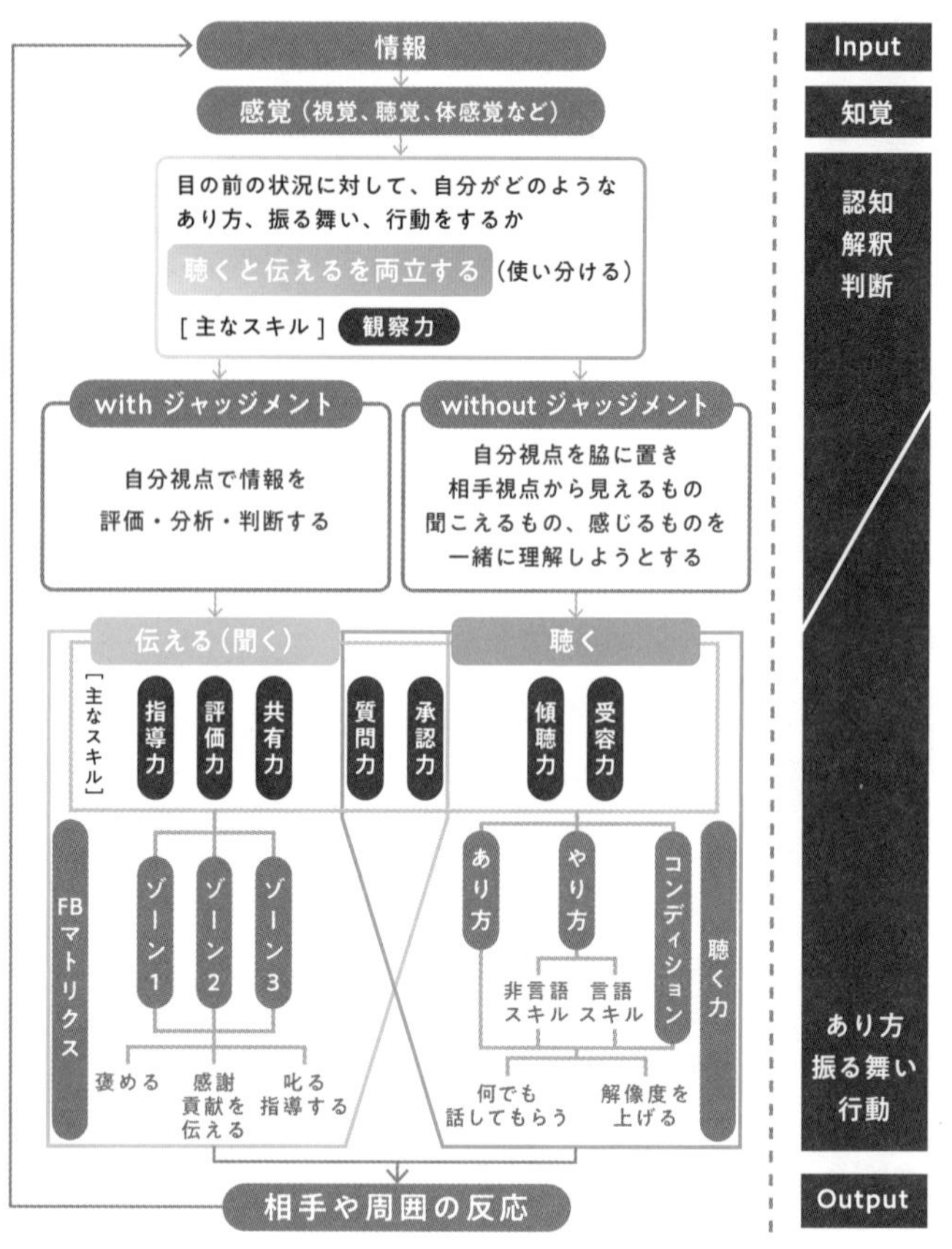

この聴くと伝えるの両立を司(つかさど)るのは観察力だ。

様々な情報を受け取って解釈し、今はどちらを選択するのがよいのかを判断しているのが観察力だ。観察力は、過去の成功体験、失敗体験をもとにつくられている。

会議、商談、立ち話、１on１などさまざまな場面で、今は聴いたほうがよいのか、伝えたほうがよいのか、無意識かもしれないが、あなたは判断をしている。自分の過去の経験という教師データをもとに、機械学習によってつくられたあなた独自のアルゴリズムを通して判断しているのだ。

教師データが多ければ多いほど、つまり、過去のビジネスでの経験値が多ければ多いほど、この観察力は良くも悪くも強力に働く。巷(ちまた)でよく言われている、アンラーンして、リスキリングする必要があるスキルの１つが、この観察力というスキルなのかもしれない。

その場において、聴くと伝えるをどういう比率で使い分けるのがよいのか。それを判断する自分の観察力を健全に疑ってアップデートしていくことが、あなたの聴く技術と伝える技術を活かす上で必要となる。

「聴く」「伝える」「両立する」3つの技術を高めるために

技術向上には「関心」「知識」「経験」の3つがセットで必要

技術というのは、頭で分かったからといって、実際に使えるわけではない。Excelの関数のように分かりさえすれば使えるというものとは異なる。

例えば車の運転は、座学でどれだけ学んでも、実際にできるわけではない。ピアノだって、料理だって、野球だって、技術が必要なものはなんだって同じだ。

ご多分にもれず、コミュニケーションにおける聴く、伝える、両立するも同じだ。

技術を高めるためには何が必要なのか。

「関心」「知識」「経験」の3つがあると技術は効率的に向上しやすい。

「おいしい料理をつくりたい」と関心が高まり、「料理のさしすせそ」を学んで、知識を

技術向上のための3要素

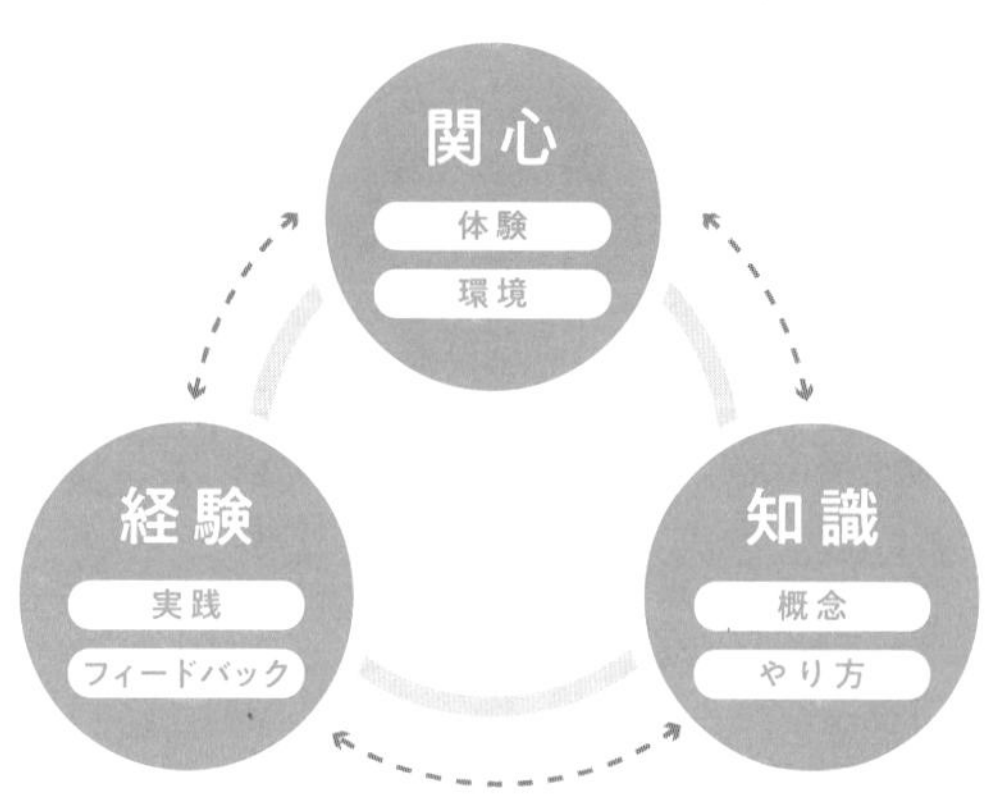

つける。そして、実際に料理をつくる。
　すると、うまくつくれて「おいしいね」と言ってもらえるかもしれない。時には失敗して食べられたものではないご飯ができあがってしまう経験をすることもある。
　その結果また関心が高まり、知識をつけ、経験を重ねるというサイクルを回していくというのが、技術を高めていく際の流れだ。

　技術を高めるには努力が必要であるが故、関心がないと途中でくじけてしまう。

　知識はなくとも、ひたすら実践を続ければ技術は高まる。そういう意味で、知識は必須ではないが、効率的に技術を学びたいのであれば、知識があったほうが遠回りせずに済む。

　もし、高い関心と知識があっても、実践し

なければ技術は身につかない。実践とフィードバックの経験が不足すると、関心と知識がある分、評論家になる。テレビの前でウンチクは語れるが、実際にはできない人だ。

このように、技術を高めるには、関心、知識、経験の3つの要素が大切だ。聴く、伝える、両立するという技術においてもそれは全く変わらない。

技術向上における4つのステージ

このような修練型の技術において、できないことができるようになっていく時には、どういったプロセスを辿るのか。

学習と変化に関してはさまざまな理論やモデルがあるが、本書ではThe Conscious Competence Learning Modelや、The Conscious Competence Matrix Modelと呼ばれるモデルをベースに話を展開する。

このモデルの起源や定義は不確かだと言われており、1970年代からアメリカのゴードン・トレーニング・インターナショナルがこの定義と普及に大きな役割を担ってきたと言われている。

このモデルでは、何かを学習する時には4つのステージがあると言う。

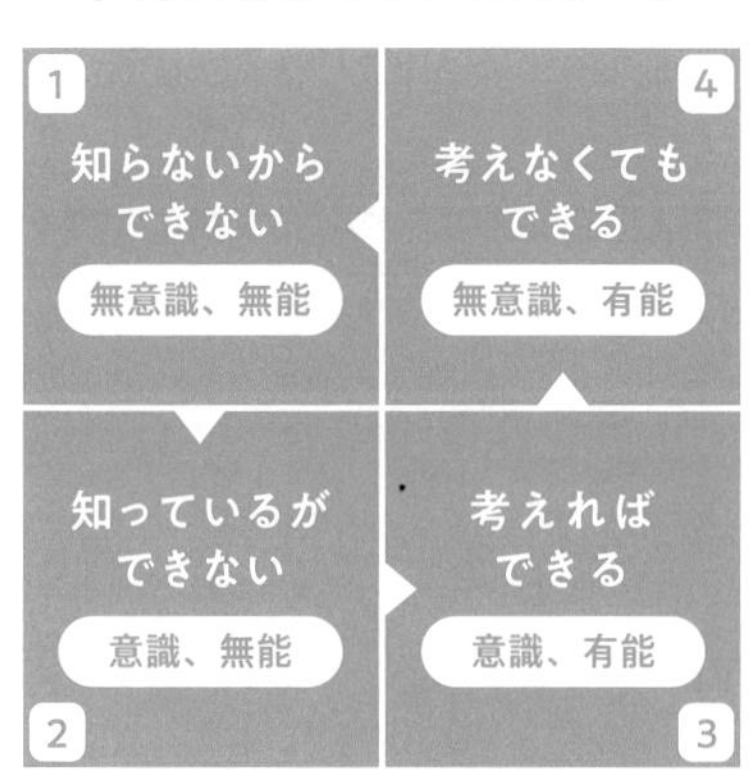

ステージ１：知らないから、できない（無意識、無能）

ステージ２：知っているが、できない（意識、無能）

ステージ３：考えれば、できる（意識、有能）

ステージ４：考えなくても、できる（無意識、有能）

自動車の運転を思い浮かべてほしい。

もしも自動車がない国や時代に生まれたら、車の運転というものを知らない。知らないから運転はできない状態だ（ステージ１）。

だから、まずは「運転というものがある」と知ることがスタートだ。知った後にできるようになりたいと思ったら、教習所に通い、座学でアクセル、ブレーキ、ハンドルなどの概念を学ぶ。どうやったら車が動くのか、運転できるのかが、頭では分かってはいるが、まだ実際に運転できるわけではない（ステージ2）。

次に、運転のやり方を学んで、教習所内で運転をしてみる。分かるができるになっていく。仮免許を得て、路上での練習も重ね、無事に免許を取得する。ただこの状態は、アクセルやハンドルなど一つひとつ意識しながら運転するため余裕はない。考えればできる状態だ（ステージ3）。

それが段々と車の運転に慣れてくると、歌を歌いながら、もしくは助手席の人と話をしながらでも運転ができるようになる。考えなくても自然と運転ができるという状態になる（ステージ4）。

学習には、このような4つのステージがあるというモデルだ。

同じことが、本書で示す技術やスキルにも当てはまる。

「自分は聴けているよ」と思っていた人も、聞くと聴くの違いを知り、初めて「聴くってそういうことなのか」と知るかもしれない。また「頻度が低いけど、貢献度が高い仕事に注目して感謝を伝えるなんていうフィードバックの仕方があったのか」と初めて知るかもしれない。

そうして、聴くや伝える、両立するということに関心を寄せて、本書をじっくり読み、概念を理解していく。

しかし、頭で分かると、実際にできるは違う。ここがステージが1から2に進んだところだ。

ステージ2では、やり方を知り、とにかく実践をして、フィードバックをもらう。すると、「考えれば、できる」というステージ3に進む。と、簡単に言ったが、ここが1番大変だ。そんなに簡単にステージ2から3には進まない。分かるとできるには雲泥の差があるのは、どのような分野の技術・スキルでも同様だろう。

もしステージ3まで進めたとすれば、忙しい時はなかなかできないけれど「今日はちゃんと聴こう」と思ってしっかり時間をとれば、部下の話を聴くことができる状態になっているはずだ。

さらに高みを目指したい方には「考えなくても、できる」というステージ4もある。ステージ3からステージ4に進むには、関心も知識も経験も、全てにおいて高いレベルが求められる。自分自身が多様なコミュニケーションを受ける体験も必要になるだろう。また基礎的な知識だけでなく、やり方の知識には幅も深さも必要になってくる。

実践においても、1on1という限定的な場面だけでなく、あらゆる場面で実践を繰り返していく必要がある。また、専門性の高い視点からのフィードバックも必要になってくるだろう。そうすることで、意識せずとも、聴くことができるようになる。

私は、コミュニケーションを生業にしたり、自分のマネジメントスタイルの強みとするのでなければ、ステージ４の状態は多くの管理職には不要ではないかと考える。

聴くに関して言えば、管理職の方はステージ３の考えればできる状態であれば十分だ。

そして、このモデルにはないが、本書では独自にステージ３やステージ４の状態の維持（ステージ３＋α、ステージ４＋α）、という視点も入れたいと考えた。

技術は使わなければ衰えてしまう。車の運転に一度慣れ親しんだとしても、何年もブランクが空けば、次に車に乗る時には、おっかなびっくりハンドルを握ることになるだろう。ステージ３や４を継続するためには、その技術に定期的に触れる必要が出てくる。

３つの技術に対して、関心、知識、経験をそれぞれどのように高めていくのか、そして４つのステージをどう進んでいくのか、という具体的な方法は、第5章でお伝えする。

本章では、本書の全体像をお伝えした。

タイトルの『まず、ちゃんと聴く。』という言葉を分解して説明した。「聴く」とは何か、

本書で扱う内容とその全体像

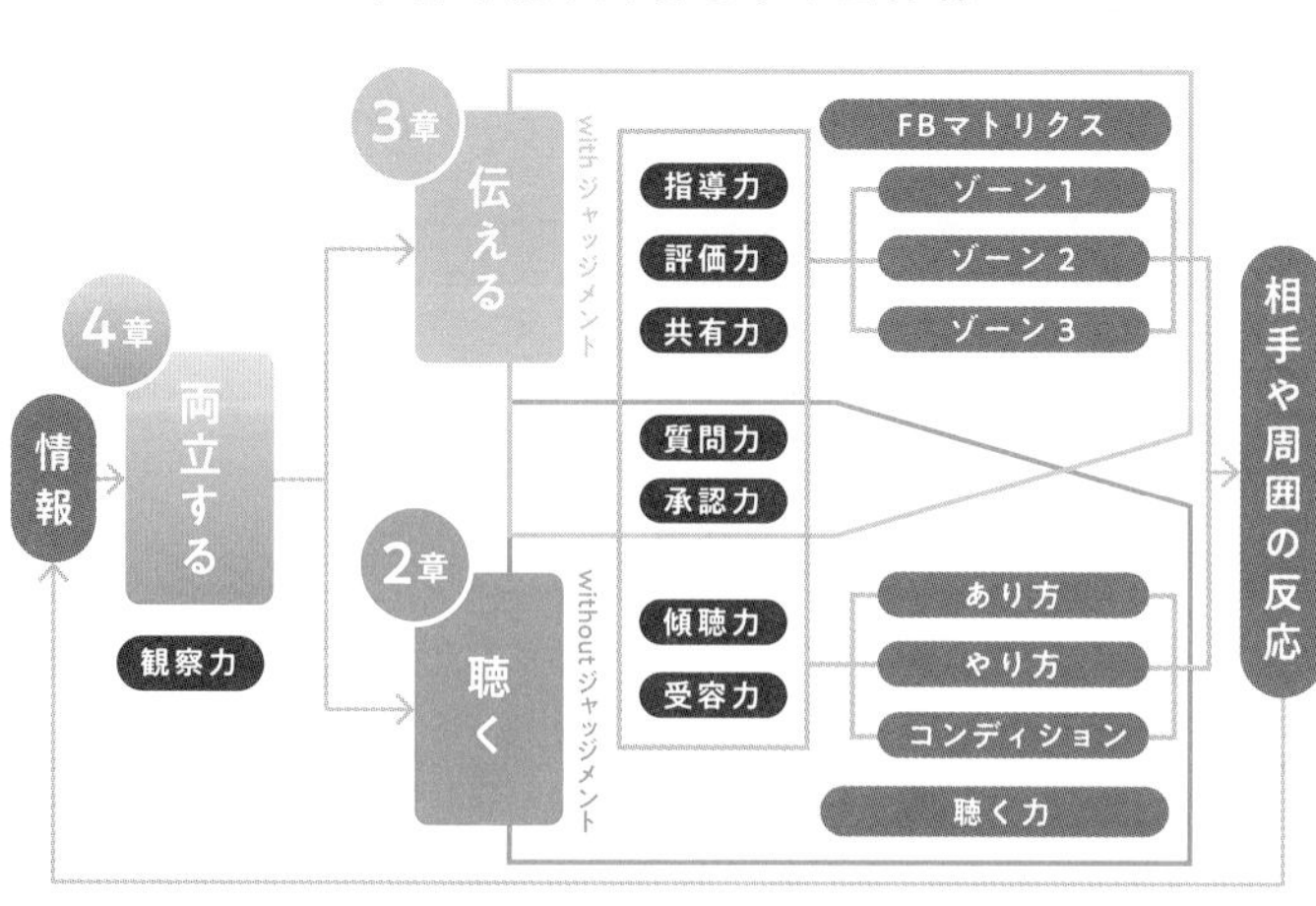

聴く技術・聴く力の定義、また、なぜ「伝える」について扱うのかも説明してきた。また「聴くと伝えるの黄金比」についても少し触れ、最後に、それら3つの技術を高めていくためのフレームワークを提示した。

ここからは各章に分けて詳しく説明をしていきたいと思う。

第2章では、聴く技術。第3章では、伝える技術、特にゾーン3へのフィードバックについて。第4章では、両立する技術（黄金比）。本章をさらに掘り下げる形でお伝えしていく。

これは自分に対しての言葉でもあるが、コミュニケーションについて頭でっかちの評論家になりたくない。みんなで実践を重ねて、3つの技術を高めていこう。

第2章

ちゃんと聴くを分解する

「ちゃんと聴く」と「うまく聴く」
――ちゃんと聴くあり方

共感できない相手はいない

セミナーや講演をしていると、「共感できない相手がいるのですが、どうしたらよいでしょうか」という質問をいただくことがある。

人の話を聴くにあたり、相手に共感することが大切だというのはあまり異論がないだろう。

第1章で、「我慢をしているようだったら、それは聴くではない」と伝えたが、自分とは異なる意見や考え方を持つ相手の話を、我慢することなく、共感的に聴くことはできるのだろうか。

この疑問に対するヒントが、肯定的意図という信念にある。

部下や同僚、家族などに共感的に関われない人がいる場合は、ぜひこの肯定的意図という概念に触れてみてほしい。

信念とは、世界に対する思い込み

肯定的意図の説明に入る前に、信念の説明をしておきたい。

ここまで肯定的意図を信じるというのは信念だと書いてきた。**信念**というと、どこか人生を貫く、強くまっすぐな考え方というようなイメージを持つかもしれないが、本来は「自分が何を正しいと信じるか」を意味する言葉だ。誤解をおそれずやさしく言い換えれば**「これはこういうものである、という思い込み」**である。

私の娘は0歳の頃、積み木をくわえていた。1歳になると積み木同士をぶつけて音を出して遊んでいた。2歳になる頃には、積み木を積んで遊んでいた。積み木は積むのが1番楽しい遊び方なのだ、という思い込みを2歳になる過程のどこかで持ったのだろう。

それは絵本で見たのかもしれない。くわえたり、ぶつけて音を出すのに、積み木よりも最適なものを見つけたのかもしれない。もしかしたら、私の思い込みで、積み木は積むものだとどこかで伝えたのかもしれない。

しかし、いずれにせよ「積み木は積むものである」というのは決して「普遍の真理」ではない。それはただの思い込みだ。

成果を出すには努力が必要だと言う人もいれば、楽をして成果をあげる方法が必ずあると言う人もいる。どちらも思い込みだ。

人と仲良くなるのは簡単だと言う人もいれば、人とは時間をかけて仲を深めるものだと言う人もいる。どちらかが正解で、どちらかが不正解という話ではなく、それぞれその人の思い込みである。これが信念だ。

では、この信念は、どうやってつくり上げられるのか。

それは過去の体験からつくられる。

血のにじむような努力をして結果を出している親を見て育ったら、成果を出すには努力が必要だという信念ができるかもしれない。

小さな頃、転校を繰り返し、転校のたびにすぐに友達をつくれた経験を重ねれば、人と仲良くなるのは簡単だという信念ができるかもしれない。

信念は無意識に作用する。

上司から「この仕事、長期戦で難しい仕事だけど、どうにか成果をあげたいから、あなたをアサインさせてもらった」と伝えられたとする。成果を出すには努力が必要だという信念を持った人は、どう考えるだろうか。「難しく長期戦の仕事であるなら、どう努力を維持できるかが大切になるだろう」と、努力することを前提に考えるかもしれない。

一方で、楽をして成果をあげる方法が必ずあるという信念を持った人であれば、「上司は難しい仕事と言うけれど、どうやったら短期間で楽に成果をあげられるかな」と考え始めるかもしれない。

１００人いれば１００通りの信念がある。全く同じインプットがあっても、それぞれの信念を通して生まれてくる気持ちや考えは変わる。

信念は、ダイバーシティ&インクルージョンという議論の中では、無意識バイアスという言葉で語られる。「男性とはこういうもの」「女性とはこういうもの」「若者とは……」といった人それぞれの思い込みのことだ。

聴くに話を戻そう。

人の話を聴こうという場面でも例外ではなく、信念は無意識で働く。無意識だからこそ影響力が大きい。では、聴くには、どういった信念が有効なのだろうか。

なお、これから説明する「肯定的意図」という信念は、人生における普遍の真理でもなければ、人として持つべき正しい考えでもない。あくまで、聴く際に有効な信念だ、という私の信念であることを念頭に置いて読んでいただければ幸いだ。

肯定的意図とは

肯定的意図とは、「脳と心の取扱説明書」とも言われるNLP（Neuro Linguistic Programming）で大切にされている原則だ。NLPの主要な開発者の1人であるロバート・ディルツ氏によれば「全ての振る舞いは肯定的意図を持っている」という。「自分とは違った意見や考え方、社会のルールや規範とは異なった言動であったとしても、その背景には必ず肯定的意図がある」という物事の捉え方だ。

肯定的意図について、ディルツ氏はこう述べている。

あるレベルでは、全ての振る舞いは肯定的意図を持っている（または一度は持っていた）。別の言い方をすれば、全ての振る舞いは「肯定的な目的」を果たしている（あるいはかつて果たしていた）ということだ。例えば、「攻撃的」な行動の背後にある肯定的意図は、多くの場合「保護」である。「恐怖」の背後にある肯定的意図や目的は、通常「安全」である。「怒り」の背後にある肯定的な目的は、「境界を維持する」ことである場合がある。「憎悪」には、人に行動を起こさせる「動機付け」という肯定的な目的があるかもしれない。

身体的な症状であっても、肯定的な目的を果たすことがある。身体症状を含むあらゆる症状は、何かが適切に機能していないことを伝えるものとして捉える。身体的な症状は、何かがバランスを崩していることを人に知らせることが多い。時には、身体的な症状は、何かが癒されつつあることを示すサインであることさえある。

自分からは、非建設的、非生産的、反社会的だと思えたとしても、その言動の背後には必ずその人なりの肯定的意図があると捉える。つまり、あなたの部下や同僚や家族が、あなたにはどう考えても理解のできない行動や発言をしていたとしても、その背後には肯定的意図があると考えてみましょうということだ。

ディルツ氏はこう続ける。

肯定的意図は、常に意識されるわけではなく、明白でもない。私たちは肯定的意図で考えることに慣れていないため、それをすぐに見つけることが難しく、そのため、行動や症状について他の説明に陥りやすくなることがある。しかし、もし人が肯定的意図を見つけることに専念し、十分に深く観察するならば、それはそこにあるのだ。

人が肯定的意図を持てるのは、自分が認識、あるいは共感している部分だけであることを念頭に置いておくことも重要である。したがって、意図的に他者に害をなすことを行っている人は、他者を含まない自分自身に対する肯定的意図を持つことが多いのだ。

例えば、子どもが親の財布からお金を盗んだとする。これは社会的には望ましい行為ではない。盗んだことが明るみになれば、即座にその行動に対しての叱責や教育が行われることになるだろう。

ほとんどの場合、「お金を盗むのは悪いことだ」と条件反射的に判断がくだされるため、その行動の背後にある肯定的意図を探そうとはしない。

しかし、もし深く観察したならば、そうした行動の背後にも肯定的意図があるはずだ、というのがディルツ氏の見解だ。

ここではさらに、もう1つ重要なことを述べている。「自分が肯定的意図を持てるのは、自分が認識・共感できる範囲に限られている」ということだ。

親の財布からお金を盗む子どもは肯定的意図を持っていないわけではない。しかし、その意図が及ぶ範囲は、その瞬間において自分が認識・共感できる範囲に限られるという。

日常的には親に対して共感があったとしても、その瞬間においては、親が困ることや怒ることよりも、お金がほしいという自分だけを範囲に含めた意図のほうが強く働いてしまった、という解釈になるのだろう。

すると、私の中にこのような疑問が湧いてくる。

ある行動が肯定的意図に基づくものであることを受け入れてしまうと、その行動も正当化することになってしまうのか。つまり「親のお金を盗んだとしても、肯定的意図があるのであれば、仕方がないよね」と考える必要があるのか、ということだ。

ディルツ氏はこう言う。

ある行動や症状の背景に肯定的意図があるかもしれないという事実は、その行動を正当化したり、許容したり、よしとするものではない。

肯定的意図と並ぶＮＬＰのもう1つの基本原則は、「振る舞い」を「自己」から分離すること、つまり、振る舞いを生み出す肯定的意図を、振る舞いそのものから分離することが有効であるというものだ。言い換えれば、問題がある振る舞いの表面的な表現に対応するよりも、「深い構造」に対応するほうが、より尊重され、生態学的で生産的だということだ。これと肯定的意図の原則を組み合わせると、振る舞いを変えたり、実行可能な代替案を確立したりするためには、新しい選択が、なんらかの形で以前の振る舞いの肯定的意図を満たす必要があるということになる。

問題のある状態や症状の肯定的意図が満たされていない場合、「正常な」あるいは「望ましい」振る舞いができていたとしても、そうでない場合と同様に問題や病的な結果をもたらすことがある。例えば、攻撃的な振る舞いをやめても、他に自分を守る方法がない人は、問題を別の問題にすり替えているに過ぎない。喫煙という行動が果たす重要な目的の全てについて代替手段を見つけることなく、喫煙という行動をやめると、人は新たな問題の悪夢へと導かれる。


つまり、全ての行動の背景には肯定的意図があるとは信じるが、その「意図」と「振る舞い」は切り離して考えましょう、ということだ。

私は、罪を犯した方のお話を聴く機会をいただいたことが何度かある。テレビで見るようなパイプ椅子のあるアクリル板で仕切られた部屋でお話を聴いた。

もしあなたがその状況で犯罪者の話を聴くことになったら、と想像してみてほしい。

もちろんその方が行った行為について賛同することはない。私もその行為については賛同も擁護もしない。

一方で、その行為の背後に肯定的意図はなかったのだろうか。ディルツ氏は、深く観察をすればそれはそこにある、と述べている。

しかし、その意図の及ぶ範囲が、自分が認識・共感できる範囲に限られていたため、結果的に、他者に危害を加えることになったのだ。

さらにディルツ氏は、「もし、罪を犯そうとする人の『行為』を止められたとしても、その背後にある『意図』が満たされなければ、また別の『行為』によって、その『意図』を満たそうとする」とも言っている。だからこそ、「意図」に目を向けて、その意図を建設的な「行為」で満たせる方法を考えよう、ということなのだ。

なんだか『嫌われる勇気』の哲人と青年のやりとりのようだ。

アドラー心理学では、目的論と全体論という考え方がある。「人間の行動には目的がある」「非建設的な行動にも、建設的な目的がある」という言い方をする。

これは「意図と行為を切り分けて考えよう」というディルツ氏の主張と、同じことを言っているのではないだろうか。

信念は相手に伝わる

もしもあなたの子どもが万引きをして家に帰ってきたとする。万引きという行為は良いことではない。おそらく子どもだって万引きは良くないことぐらい分かっている。

それでも万引きをするということは、その行動の背景には肯定的意図があるのではないかという信念を持って関わってみたとしよう。

「万引きしたんだね」と切り出す。

まず重要なのは「万引きしちゃったんだね」ではないということだ。

「しちゃった」には、自分の評価が入っている。相手の意図を聴きたかったら、正邪善悪の評価をすることなく、withoutジャッジメントで関わりたい。

そして「万引きする前はどんなことを考えていたの？」「してみて、今何を考えている？どんな気持ち？」と相手が見ている景色を、横に並んで一緒に見ようとする。

万引きした背景には、きっと何か肯定的意図があるはずだ、というあり方が相手に伝わると、相手は「この人になら話して大丈夫かも」と思って話をしてくれる可能性が高まる。

すると、子どもの主観的世界の中での肯定的意図が見えてくる。

しかし、肯定的意図があることと、万引きという行為を肯定することは同義ではない。

その意図についてはwithoutジャッジメントで聴くが、万引きという行為についてはwithジャッジメントで関わるのだ。

ビジネスであっても同じだ。部下が何かチームに対する文句や愚痴を言ってきたとする。

上司のあなたからすると、

「いや、そうじゃないんだよ、全然分かっていないな」

「そんなことを言っているからダメなんだよ」

と、言葉には出さなくても、つい脳内にはジャッジメントの言葉が流れる。

そんな時にこそ、肯定的意図を信じるという信念の出番だ。発言は賛成できるものではないし、言っている内容には納得できない。しかし、この文句や愚痴が出てくる背景には、部下なりの肯定的意図があるはずだと、発言と意図を切り分けて受け取りにいく。

肯定的意図という信念を持つということは、つまり異なる「意見」をぶつけ合う前に、お互いの「意図」を交換し合おうという意志を持つことだ。これは対話で大切になるあり方そのものだろう。

一方で、現実の場面では、時間がなくて意図を聴いている余裕がない時がある。

そのような時でも、聴くを「やり方」として表現できなかったとしても、「あり方」を体現できれば、それは十分に「ちゃんと聴く」ができていると言ってよいだろう。

むしろ、「やり方」としては聴いていたとしても、「あり方」として「どうせこいつは分かっていない」「文句を言っているから、一応聞いておくか」と思いながら耳を傾けているのだとしたら、それは「ちゃんと聴く」ではない。

「ちゃんと聴く」というのは、全ての言動の背景には肯定的意図があると信じて目の前の人に関わること。その「あり方」が「ちゃんと聴く」なのだ。

自分の肯定的意図を聴くことが、多様性を認め合うことにつながる

会社の中では、営業チームと開発チームで意見が合わないことがしばしば起こる。部署間での対立だ。それぞれの役割が異なるために、仮に会社のためという意図が同じでも、表面的な意見の相違が起きる。

こうした部署間、ないし上司と部下という個人間での対立・葛藤の相似形として、もっと身近なところにも対立・葛藤はある。

それは、自分という1人の人間の中に起きる対立・葛藤である。

例えば、「ダイエットをしたいと思う自分」と「お菓子を食べたいと思う自分」。もう少し仕事に近い例で言えば、「部下を信じて任せたい自分」と、「細かく部下の進捗を管理したい自分」というような対立・葛藤だ。

自分の中に、異なる意見の2人がいる。これはどちらかが本当の自分で、どちらかが偽の自分なのだろうか。

たしかに、どちらかを本当の自分として、もう一方を悪者にすることもできなくはない。そうしてしまえば一時的にはスッキリする。コーチングやカウンセリングを学んでいると、こうした「本当の自分探し」を是とする雰囲気を感じることがある。自分の中のどれか1つの自分を正として、その他の自分を押し殺す。

しかし私は「本当の自分探し」に違和感を覚えることがある。

「今までの自分は、やりたいことを我慢していた自分だったので、これからは本当にやりたいことをやって生きていきます」と宣言をし会社を辞める人は、とても美しく見える。短期的には、それでもよいのかもしれない。

しかし、本当にそれでよいのだろうか、と思うことがある。会社を辞めるという選択を否定したいのではない。その意思決定のプロセスに疑問を感じるのだ。

肯定的意図という視点から考えてみる。

「今までやりたいことを我慢していた自分」には、肯定的意図はないのだろうか。

もし仮に、やりたいことを我慢していた自分を偽者扱いしても、その背後にある肯定的意図はなくならない。その意図を別の形で満たそうとする力学が、自分の中に必ず現れる。

『個人から分人へ　本当の自分はひとつじゃない』（講談社現代新書）という本を書かれている平野啓一郎さんのウェブサイトにこのような言葉がある。

「中心に一つだけ『本当の自分』を認めるのではなく、それら複数の人格すべてを『本当の自分』だと捉えます。この考え方を『分人主義』と呼びます」。

「ダイエットをしたい自分」と「お菓子を食べたい自分」。

「部下を信じて任せたい自分」と「細かく部下の進捗を管理したい自分」。

「我慢する自分」と「やりたい自分」。

こういった自分の中にいる複数の自分のどちらかを悪者にするのではなく、どちらも自分を幸せにしたい肯定的意図を持つ自分として扱う。

なぜ「聴く」についての本で、このような話をするのか。それは、自分の中にいる複数の自分の肯定的意図を扱えるようになると、聴く技術が格段に高まるからだ。

自分の話を聴けるようになると、他人の話を聴けるようになる。

人と人の違いを表わす言葉としての「多様性」に対して、自分の中にいる表面的に対立・葛藤・矛盾する複数の自分のことを「多面性」と呼ぶ。

自分の中にある多面性を認め、それぞれを大切にする。つまり、それぞれの肯定的意図を自分自身がちゃんと聴く。すると、それぞれの自分の違いを活かし合い、補い合う選択ができるようになる。

それができるようになると、誰かの話を聴く時にも「相手の中にも複数の人格がある」ものとして関われるようになる。

ただ単に相手の言動の背景に肯定的意図があると信じて関わるだけでなく、相手の中にいる複数の人格に、それぞれ肯定的意図があると信じて関われるようになると、圧倒的に「何でも話してもらう力」が高まる。

「AもBも大事って言っているけど、結局どっちが大事なの？」としか捉えられなかったことが、「Aも大事ですよね。でもBも大事なのですよね。それぞれについてもう少し聴かせてもらってよいですか？」という関わり方ができるようになっていくのである。

これは、肯定的意図という信念がなければできない関わり方だ。

さらには、自分と相手の間に対立・葛藤があった時にも同様の捉え方をしていくことができるようになる。部署間の対立・葛藤でも同様だ。

さらにスケールの大きな話をすれば、それぞれの肯定的意図を聴き合うことは、人種や宗教の違いによる対立・葛藤に対しても、それぞれが幸せになる選択をできるようになるための土台にもなる。

これはまさに、今求められているダイバーシティ&インクルージョンのど真ん中に位置づけられる話である。

「多様性を認め、活かし合う社会にしていきましょう」という話のスタートは、実は自分の中にある「多面性を認め、活かし合う」ことから始まるのだ。逆に言うと、**自分の中の多面性を認められない人には、本当の意味で多様性を認めることはできない**と私は考えている。

自分のある一面を悪者扱いし、見てみないふりをして押し殺す。「痩せたいんだから、おやつを食べたい自分はダメなヤツ。そんな自分は自分の中から追い出してやる」という発想は、他者との関係性において「私の考えが正しいから、あなたは間違っている」と断じることに他ならない。

肯定的意図という信念は、対立・葛藤を乗り越えるための土台となる。

信念が適していないとどうなるか

肯定的意図という信念がないと、この人には何でも話して大丈夫だという安心感がなくなっていく。

ここに聴くスキルが非常に高い人がいたとする。相槌、頷き、表情、姿勢、ジェスチャーなどの非言語スキルはバッチリだ。そして、適切な問いを投げかけ、時折論点を整理してくれる。言語スキルも非常に高い。話しているほうも、相手が上手に聴いてくれるので、いろいろと話をして、話の解像度もどんどん上がっていく。

しかし、もしこの聴き手が「こいつはバカだから分かっていない」「どんなに頑張ったってセンスがないから成長しない」「自分の思った通りに操ったほうが相手のためだ」というような信念を持っていたらどうだろうか。

聴くスキルが高いと、すぐには聴き手の信念は伝わってこない。しかし、信念は徐々に漏れ伝わってくる。

そのうちに、話し手もうっすらと気づき始める。最初は感覚的な居心地の悪さや、違和感のようなものかもしれない。聴いてくれているはずなのに、なぜ違和感を覚えるのか、自分でも言葉にできないかもしれない。

ただ、肯定的意図という信念がないと「すごく聴いてくれているのだけど、何か嫌な感じがする」とか「言葉の上ではすごく聴いてもらえているのだけど、どこか気持ち悪さがある」など、うまくは聴いてくれるけど、ちゃんと聴いてもらっている感じが得られない。

何でも話してよい雰囲気はあるし、話していて整理はされる。いつもよい課題発見や課題解決につながる話ができるのに、なぜかまた話しに行きたいとは思えない。

ビジネスの問題解決ならまだしも、特に、気持ちや感情に関わるような自分のキャリアや内面的な悩みについて相談したいとは思えない。

もしそのような相手がいたら、その人は肯定的意図という信念をあまり持っていない人かもしれない。

ただし、決してこの関わり方が悪いわけではない。本書で言う聴くという観点から見ると、聴くからは少し遠い行為というだけの話だ。こういった相手は、自分の話をちゃんと聴いてもらうのではなく、思考を整理して、アドバイスをもらう、うまく聴いてもらう相手として、とても素晴らしい役割を果たしてくれる。

しかし、根底に肯定的意図という信念がなければ、話し手は曖昧な話をだんだんと口に出しづらくなる。「この人には何でも話して大丈夫だ」という気持ちが薄くなっていく。

肯定的意図という信念があるかないかは一見分かりづらい。しかし、この信念は間違いなく聴く技術の土台になる。この信念が「ちゃんと聴く」をつくり出す。

「ちゃんと聴く」と「うまく聴く」——うまく聴くやり方

非言語スキルとは

非言語情報が与える影響

この節ではスキルについて取り扱うが、スキルを2つに分けて考えていく。視覚情報＋聴覚情報を扱う非言語スキルと、言語情報を扱う言語スキルだ。

視覚情報とは、見た目、姿勢、表情、しぐさなどから与えられる情報だ。

聴覚情報とは、声の大きさ・高さ・明るさ・話す速さで構成される口調や、声質などから与えられる情報だ。

聴くを学びたいと思って本書を手に取った人からすると、「あり方なんてどうでもよいから、スキルを知りたい」と、まずこのページを開いた人もいるかもしれない。

おそらくそのような方は、質問スキルや上手な話の進行の仕方といった言語スキルを知りたいのではないかと思う。

「よい質問をすると、よい1on1になるのではないか」「質問力を磨きたい」という考えは間違いではない。しかし、「ちゃんと聴く」の節を読んでくださった方はお分かりになると思うが、「よい質問さえできればうまくいく」というのは少し危険だと私は考える。

非言語スキルは、本書の中で、肯定的意図の次に重要な項目の1つだ。

私は非言語スキルを学び、トレーニングをしたことで、人生が大きく変わった。大げさだと思われるかもしれないが、それほど非言語スキルが聴く技術に与える影響は大きい。「スキルを知りたい」と思っている人であればあるほど、言語スキルの節に飛ぶ前に、この非言語スキルのページを読むことをおすすめしたい。

アメリカの心理学者メラビアンによる「メラビアンの法則」は、知っている方も多いと思う。メラビアンは、「言葉と話し方と表情が矛盾したメッセージを受け取った時に、人はどのような反応をするか」という実験を行った。

「好き」がイメージされる言葉を、「嫌い」がイメージされる話し方と表情で伝えられる。そのような矛盾したメッセージを受け取った時に、人はどのように反応するのか。

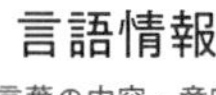

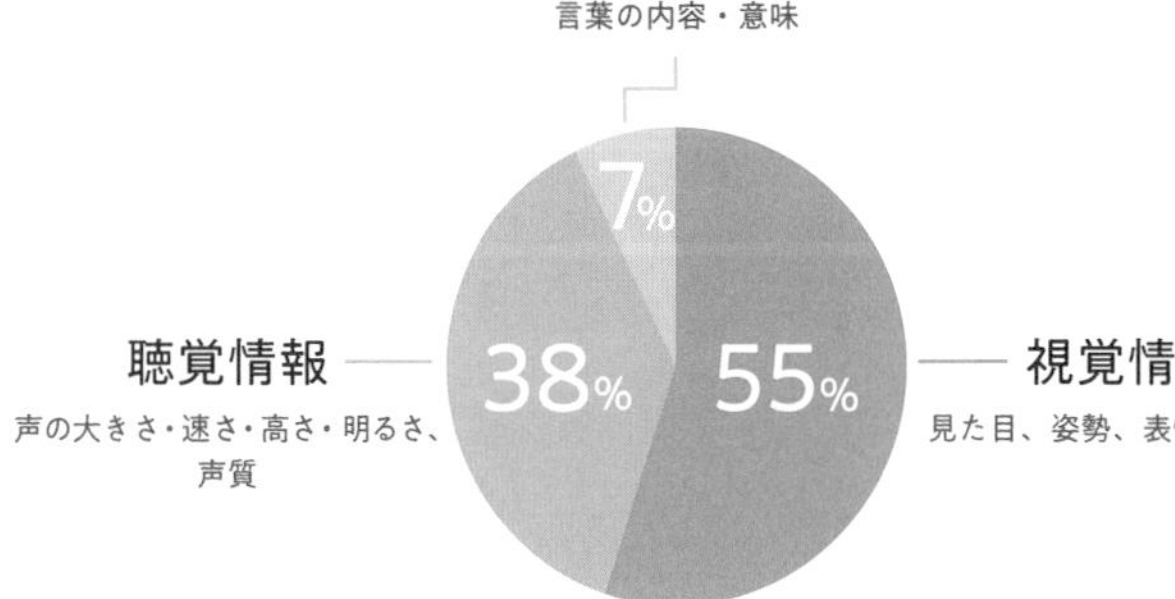

次に「好き」の表情と話し方で、「嫌い」がイメージされる言葉を伝えられた時に、受け手はどう感じるのか。そのような実験だった。

実験の結果では、言葉、話し方、表情の3つの要素が矛盾した内容を伝えられる状況下において、メッセージが伝わる割合は言語情報（言葉）が7%、聴覚情報（話し方）が38%、視覚情報（表情）が55%であったという。

つまり「ありがとう」という感謝の言葉を伝えたとしても、話し方や表情から「あなたは本当に最低ですね」というニュアンスが出ていたら、相手は「最低な人間ですね」のほうをより強く感じるということだ。

日常の会話を思い返してみても、言葉の内容はもちろん大事だが、それと同じかそれ以上に、姿勢や表情、ジェスチャー、口調、声のトーンの影響力が大きいことは想像できるだろう。

つまり、1on1の場面で「何でも話してよいですよ」と言葉では伝えたとしても、あなたの表情や姿勢、口調や声のトーンに「1on1だからとりあえず言ってみました」「早くこの時間が終わらないかな」というニュアンスが出ていたら、相手は後者のメッセージをより感じやすいということだ。

どれだけ素晴らしい質問リストが手元にあっても、それをどんな表情、姿勢で言うか、どんな口調、声のトーンで言うかによって、受け手の感じ方は変わってしまう。

相手と一緒に体験する

非言語スキルの実践は、難しくない。しかし、恥ずかしい。

楽しい話を相手よりも楽しく、真剣な話を相手よりも真剣に、つらい話を相手よりもつらい気持ちで聴けばよい。これだけだから簡単だ。

しかし、楽しそうな話を、自分が相手よりも楽しそうに聴くなんて恥ずかしくないだろうか。

職場のフロアや会議室で、いつも冷静で真面目な上司であるあなたが、ある日突然、最高の笑顔で大きな身ぶり手ぶりをしながら楽しく話していたら、周りの人は「急にどうしたのだろう」と思うだろう。

しかし、この非言語スキルは、本当に驚くほど効果がある。


非言語スキルを考える時に、1つ気をつけていただきたいことがある。コーチングやカウンセリングがベースとなっている1on1研修や傾聴研修などを受けると「ラポール（信頼関係）を築くことが大切で、そのためにペーシングやミラーリングをして、非言語の状態を相手と合わせましょう」と説明されることがある。

しかし、ペーシングやミラーリングを意図的にされたことがある人は分かると思うが、わざと非言語の状態を真似されると非常に気持ちが悪い。その人とこれ以上話したくないと感じるほど不快な気持ちになることさえある。

ではどのような非言語の状態となることが、聴くに適しているのか。そして、その状態はどのようにして、つくられるのか。


結論としては、相手の話をともに体験しようとすることが鍵となる。

相手の非言語の状態を真似するのではなく、相手の話をともに体験しようと意識して話を聴いた結果、非言語が自然と相手と似た状態になる。これが本書で言う非言語スキルだ。

相手を外から俯瞰的に、客観的に捉える視点ではなく、相手の主観的な視点で、相手が見ている景色を一緒に見ようとする。相手が感じていることを一緒に感じようとする。つまり「相手」に関心を持つのではなく、「相手の関心事」に自分も関心を持つ。

すると、表情やしぐさ、口調や声のトーンが自然と似通っていく。

もちろん、全く同じ景色を見ることはできない。しかし話し手は、聴き手が自分の見ている景色を一緒に見ようとしてくれていると思うと、安心して話せるのだ。

私の話になるが、私はこの書籍を、静岡県の網代（あじろ）という町に1か月半ほどこもって執筆した。

ここ数年ずっと坊主頭の私は、どの町に行っても髪を切るのに困らない。網代でも駅前の理容室にふらりと入った。

80歳の店主さんにバリカンで髪を刈ってもらいながらお話をした。網代で生まれ育ったその方は、さまざまなことを語ってくれた。

網代には海も山もあって、毎日色を変えていく山並みを見るのが楽しいということ。

若い頃は防波堤もテトラポッドもなく、いつでも、どこでも海に入って遊べたこと。

夜の海では、鮮やかに光る夜光虫（やこうちゅう）をかき分けながら泳いで、それはそれはきれいだったこと。

カツオの餌になるイワシを養殖する生け簀（いけす）があり、イワシの養殖がない時期は、そこに入って遊んだこと。

生け簀の上にかぶせてあった竹は、上に乗って跳ねるとバネのようにしなり、飛び込み台のようにして遊んだこと。


相手の話を一緒に体験するとはどういうことか。

この話を外から眺めるのではなく、一緒にその話の中に入っていってしまうのだ。

おそらくその店主さんの頭の中では、その当時の光景がカラーで再現されていたはずだ。

夜の海で夜光虫をかき分けているシーン。竹に乗って跳ね、海に飛び込むシーン。それを客観的に眺めながら「それはきれいなんでしょうね」「それは楽しかったでしょうね」と冷静に反応するのではない。話の中に入っていって一緒に体験しようとする。

全く同じ景色を見ることは叶わなくとも、

「(夜光虫をかき分けているシーンを想像しながら) うわ〜、きれいですね〜!」

「(竹に乗って跳ねていることを想像しながら) うおー、楽しいですね!」

と、一緒にそのシーンを体験しようとするのだ。

すると、相手と自分の非言語の状態が、自然とマッチしていく。

この状態ができると、相手は安心して、さらに深くその世界に入り込んでいくことになる。そして、忘れていた過去の出来事まで思い出す、といったことが起きるのだ。

仕事の例を出してみよう。

「この前の仕事、すごく達成感があったんですよね」という話を部下がしてきたとする。

この時「この人はああいう仕事に達成感を感じるのだな」と反応するのは、「相手」に関心を持つことだ。自分視点のwithジャッジメントの振る舞いだ。

一方で「相手の関心事」に関心を持つというのは、「この前の仕事のどこで達成感を感じたのだろう」「その時、何が見えていたのかな」「何を感じていたのかな」と、相手と一緒にその場面を体験しにいく、withoutジャッジメントの振る舞いだ。

さらに非言語スキルの上級者になると、相手よりもその世界を味わってしまう。楽しい話を相手がしている時に、自分のほうが楽しんでしまう。

すると、自分の表情や姿勢、口調や声のトーンのほうが、相手よりも楽しさを表現してしまう状態になる。こうなると相手はより一層前のめりになってその話をしたくなる。

あなたの周りにいる「この人と話すとついつい楽しくなっていろいろ話しちゃうんだよな」という方を思い浮かべると、思い当たるところがあるのではないだろうか。

これは真剣な話でも同じだ。

多くの場合、人は最初から全力では話してくれない。「ちょっと迷っていることがあって……」などのように、真剣さをちらつかせて話し始める。相手がその話を受け入れてくれるか分からないから遠慮がちに話し始めるのだ。

その話に対してあなたが「そうなんだ、迷っていることがあるんだね」と、相手よりも少しだけ真剣な口調や表情で反応をする。

すると、相手は「ああ、この話、今して大丈夫そうだな」と安心して話し始める。

非言語スキルの効果は想像以上に絶大だ。

特別な言語スキルがなくても、肯定的意図という信念と非言語スキルがあれば、初対面の相手であったとしても、本当にさまざまな話をしてくれるようになる。まさに何でも話してもらう力だ。

非言語スキルを手に入れると、聴くことが一気に楽になる。そして、楽しくなる。騙されたと思って、チャレンジしてほしい。

非言語スキルが低いとどうなるか

聴き方の非言語スキルが低いと、話し手は「何でも話したい」という状態から遠ざかる。

思っていることや感じていることを素直に話してくれないか、もしくは、話し始めたものの、このままこの話をしてよいのか不安になり、段々と話が尻すぼみになっていく。

たとえるなら、ＡＩのチャットボットだ。

昨今のテクノロジーの進化はすごい。とても心地よい言葉選びで、的確な言葉・問いかけが返ってくる。楽しいので最初はいろいろと話をしてみるが、なんとなく気持ちが乗らなくなって、途中でフェードアウトした経験はないだろうか。

ＡＩとのやりとりでは、「気づいたら、話そうと思っていなかったことまでつい話していた」という状態は起きづらい。これは言葉選びや問いかけがイマイチだからではなく、相手と非言語の感覚がシンクロしないからではないかと私は考える。

いのちの電話で対応をしている友人がいる。最近では電話だけでなく、文字コミュニケーションでもやりとりをしているとのことだ。

彼女は「文字で相談をしてきた相手にも、こちらの非言語の状態は伝わる」と言う。「死にたい」という文字に対して、「死にたい、と思っているのですね」という文字で返す。人間が打っても、ＡＩが打っても、全く同じ言語情報だ。

しかし、本当に心から「今、死にたいって思っているんだな」という気持ちを受け取って文字を打つと、それは相手に伝わるというのだ。

本書の読者が、相手が真剣な話をしようとしている時に、半笑いで茶化すように聴くことはさすがにないだろう。しかし、わざとではなかったとしても、相手が「楽しいと思っている話」を真面目な顔で聴いてはいないだろうか。

以前、研修の参加者にこのような相談をいただいた。

「部下が6人います。みんな仕事の相談は率直にしてくれていると思っています。しかし、プライベートの楽しい話なんかを誰もしてくれないのです。もう少しみんながどんなことが好きなのか、楽しいのか、そのような話を聴きたいと思っているのですが」。

悩み事を聴く時は次々と話をしてくれてよい時間になるが、楽しい話を聴こうとするとどうもうまくいかないというのだ。

この質問をしている時の雰囲気からも感じたが、その方は普段から真面目で、真剣なトーンでお話をされる方だった。そして、楽しい話に対しても同じように反応しているとおっしゃっていた。

少しその方に部下とのやりとりを再現してもらった。部下が高いテンションで「あの仕事がすっごく楽しかったんです！」と言ってきた時に、「すごく楽しかったんだね。どこが楽しいと思ったの？」と非常に真面目な顔で、落ち着いたトーンで返していた。この方自身はとても楽しい気持ちで部下の話を聴いているのだが、表情や姿勢、口調や声のトーンには、それが全く表れていなかったのだ。

このように、互いの非言語の状態が合っていないと、相手は「あっ、この話はしないほうがよいのかな」とトーンダウンしていく。

非言語スキルは、大げさではなく、あなたの人生が変わるような変化を起こし得ると私は思う。

第5章では、非言語スキルの効果を実感しながら、職場や家庭でも活用していけるようにするための具体的なステップをご紹介する。聴く力に絶大な効果を発揮する非言語スキルを、ぜひさまざまな場面で使っていっていただきたい。

言語スキルとは

言語スキルが高いと話の解像度が上がっていく

例えば、相手が今関心があることについて話し始めてくれたとしよう。

それに対し、あなたは信念と非言語スキルを使って「その話を存分にしていいよ」という空間をつくり出す。

ここまできたら、ついに言語スキルの出番だ。

信念と非言語スキルのかけ合わせが「何でも話してもらう力」だとするならば、言語スキルは「解像度を上げる力」だ。あなたの話の進行の仕方、質問によって、相手の中にある絵の解像度が上がり、状況整理、思考・感情の整理、課題発見、課題解決、気づきにつながる。これが言語スキルの効果だ。

言語スキルは非常にバリエーションが豊富だ。全部を説明していたら1冊では収まらない。そして、質問スキルについて書かれた書籍もたくさん出ている。そのため、ここでは特に職場や家庭で実用的だと思うスキルに絞ってお伝えする。

まずは具体的な会話例を使いながら、言語スキルについて説明していきたい。

ここでは、読みながらどちらかに感情移入してしまいそうな上司部下のビジネス的な会話は避け、先輩後輩の雑談のような事例を使って説明する。

本当は音声を聴きながら説明をしたいが、書籍という媒体の特性上、仕方がない。この2人のやり取りの中で何が起こっていたのかを会話例の後で解説をする。

会話例

後輩T　最近、火に興味があるんですよね。

先輩M　へー、火に興味があるんだ。(1)
「火に興味がある」っていうと？　もう少し教えて。(2)

後輩T　この前、学生時代の友達とキャンプに行ったんですよ。
その夜、お酒を飲みながら、火を見ていろいろ語ったんですが。火を見ながら話すと、すごく深い話ができるなあと思ったんです。

先輩M　なるほどね。すごく深い話ができたんだ。(3)

後輩T　いや、それがですね。最初は、すごく大変だったんです。
直前まで雨だったから、薪に全く火がつかなかったり、地面も柔らかくてテントのペグがすぐ抜けたり。

先輩M　直前まで雨で。薪もペグも……。それは大変だったね。(4)
それでそれで？(5)

後輩T　って、そんな話は置いておいて。
あそこに火がなかったら、あんなにも深い話はできなかったと思うんですよね。「火ってすごい！」と思ったんです。深い話ができたのは確実に火という存在があったからなんですよね。

先輩M　なるほどね。火に興味があるというよりも、深い話ができるための存在への興味の話をしているように聴こえたけど、合ってる？⑹

後輩T　そうです、そうです。ホントそうです。火も含めて、深い話ができるような要素に興味がありますね。

先輩M　そうなんだね。特に印象的だった場面ってあるの？⑺

後輩T　うーん、そうですねぇ。友達４人で行って、そのうちの１人が「親の介護で悩んでいる」って話をしてくれたんですけど、そいつはそんな悩みを打ち明けるヤツじゃないと思っていたから、ちょっと意外で。

先輩M　その中でも印象的だった言葉とか表情とかって、何かある？⑻

後輩T　言葉じゃないんですが、一通り話し終わった後に、結構長い沈黙の時間があったんですよ。それが全く気まずい沈黙じゃなくて。どう表現したらいいか分からないんですが、「みんなでその悩み、受け取ったよ」というような沈黙で。

先輩M　そっか、Tさんは、その時どんな気持ちだったの？⑼

後輩T　こう言ったらいけないかもしれませんけど、僕はなんだかとっても嬉しくて。

先輩M　そっかそっか。嬉しかったんだね。⑽
何がTさんをそんなに嬉しいって気持ちにさせたんだろう？⑾

後輩T　そうですね、何でしょうねぇ。
……。やっぱり、自分から悩みをみんなに打ち明けるヤツじゃなかったから。あと、いつもふざけた話ばかりしている仲間だったのに、その時はすごくみんな真剣に受け止めていて。悩んだ時に、打ち明ける相手がいてよかったなって思ったのと、それを受け止められる仲間がいるって大事だなって。
それが嬉しかったのかもしれないですね。

先輩M　それが嬉しかったのか。
最初に「火に興味がある」って言ってたけど、ここまで話してみて、改めてどう？⑿

後輩T　そうですね、火というか、そういう場に関心があるんでしょうね、僕は。
そういう場をつくるために大事なことに関心があるのかもしれません。

先輩M　なるほどねぇ。そういう場をつくるために大事なこと、かぁ。⒀

ちなみに、そういう場をつくるって意味で、話には全く出てこなかった要素だけど、大事だったものってあったりするの？⒁

後輩T　えっ、どういう意味ですか？

先輩M　打ち明けられる場、受け止める場をつくるために、火以外にも大事だった要素ってなかったのかなぁって。あえて言えばぐらいの感じで何かあったりするのかなって。⒂

後輩T　そう言われて思いついたのは、その日、満月だったんですよ。直前まで雨だったのに、すごく綺麗に満月が見えて。眩しいくらいで。だから、照明をつけずに過ごしていたんですよ。自然の光で過ごせていたっていうか。それもよかったのかもな。言われて初めて気づきましたけど、たぶん電気をつけていたら、あの雰囲気にはならなかったと思うんですよね。

先輩M　満月の光も大事だったのかもしれないのか、なるほどなぁ。⒃次に同じようなシチュエーションがあったら、これだけは外せないってポイントとかあったりする？⒄

後輩T　別に毎回そんな悩みとか、深い話がしたいわけではないので、なんでしょうね。

でも、薪が綺麗に燃え続ける術は知っておきたいですね。あとは、電気の明るさじゃなくて、自然の明るさで必要な照度が得られたらいいなってなんとなくですが、思いました。

先輩M　それ大事だね。ちなみに、火のつけ方と薪の組み方は、すごい参考になるYouTubeがあるから教えようか？　あと、ガスのランタンですごくいいやつがあって、レンタルもできるから、そのURLも必要なら。⒅

後輩T　ホントですか、ありがたいです！　実は来月も行こうって話になっているので嬉しいです！

同じ言葉を使う

まず言語スキルとして、もっとも基本であり、必ず意識したいことは、「同じ言葉を使う」ことだ。

会話例の初めの「火に興味があるんですよね」「へー、火に興味があるんだ」というやりとりである。

コーチングやカウンセリングなどをベースにした1on1研修などではオウム返しや

バックトラックという言葉で学ぶかもしれないが、ここで言う「同じ言葉を使う」というのは、少し目的が違う。

研修で学ぶオウム返しやバックトラックの目的は、ラポール（信頼関係）の形成とされることが多い。一方、ここで「同じ言葉を使う」と言っているのは、相手が主観的な世界から抜けないことが目的だ。

会話例では（4）の部分も同様に同じ言葉を使っているが、先輩Mさんがもし「天候が荒れて、散々だったんだね」と言い換えていたらどうだろうか。

Tさんに見えている雨の景色と「天候が荒れる」「散々だった」という言葉がそこまで遠くなければ問題ない。

しかし、もしTさんに見えている景色と、Mさんの言葉にギャップがあると「いや、荒れているってほどでもなかったんだけどな」「散々ではないし」と意識がそちらに持っていかれる。

「薪に火がつかない」「ペグがすぐ抜ける」という言葉を「うまくキャンプができない」という言葉で言い換えるのも危険だ。もしイメージにギャップがあると、相手は違和感を覚えて本来話したい内容から逸れ、そのギャップを埋めようと説明的になったり、伝えるのが面倒になってしまう可能性がある。

こういったことを起こさないために、同じ言葉を使ってほしいのだ。

相手に話し続けてもらい、解像度を上げていくためには、相手がいる主観的な世界から、意識が抜けないようにすることが大切なのである。

仕事の例で言えば、部下が「前期の目標達成ができて、とても嬉しかったんです」と言ったとする。

この時に「目標数値を越えられたことが喜びだったんだね」と言ってしまうと、部下は自分の世界から意識が外れていく。部下は「目標達成が嬉しかった」のであって、「目標数値を越えられたのが喜びだった」のではない。

この違いは小さいようで非常に大きい。

聴き手にとっては「目標達成＝目標数値を越える」かもしれないし、「嬉しい＝喜び」かもしれない。しかし部下にとっては「目標達成」と「目標数値を越える」は別物なのだ。もしその話をもっと続けて聴きたいのであれば、「目標達成が嬉しかったんだね。嬉しかったっていうと、どんな気持ちだったかもう少し教えて」というように、同じ言葉を使いたい。

なお、会話例の中では、（1）（2）（3）（4）（10）（16）が、同じ言葉を活用している箇所である。

話を聴く上で脳内にあると便利な「聴くＭＡＰ」

相手の話を聴いていると、時折聴いているほうも迷子になることがある。次にどういう話に展開していったらよいか困る。そんな時に役に立つマップを紹介する。

下の図は平本あきおさんと宮越大樹さんが考案した目線切り換えマップ（ライフイノベーションマップ）を一部抜粋・加工させていただいた図である。縦軸に時間軸、横軸にプラス／マイナスを取っている。

例えば、チームメンバーと今期の目標について話し合っているとする。

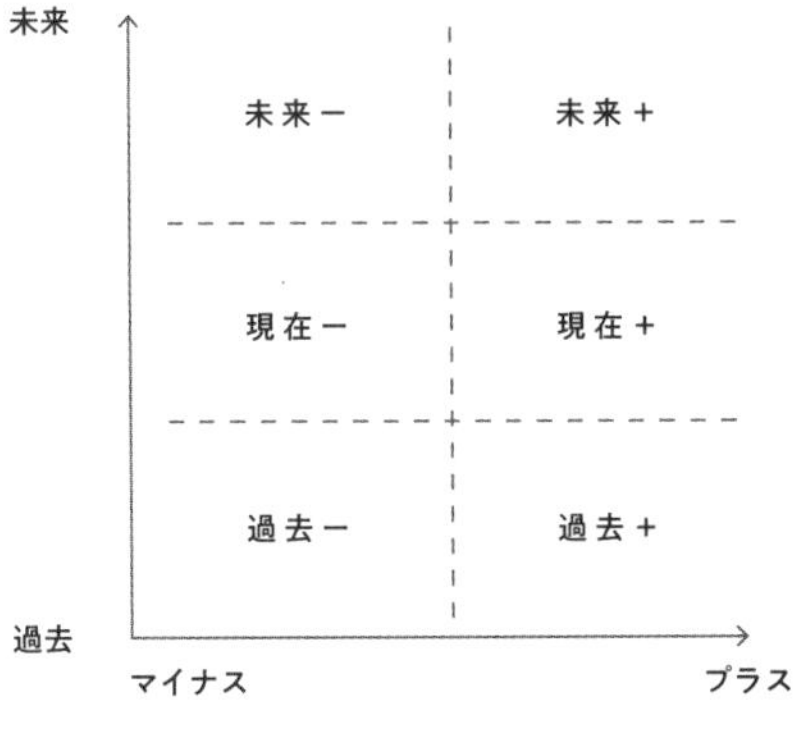

この図を頭の中でイメージすることで、
話の現在地が分かりやすくなる

MBO（目標管理）のような制度上の取り組みにせよ、1on1での対話にせよ、飲み屋での会話にせよ、やはり現在から前向きに1歩踏み出せるような現在と未来の間にあるプラス、つまり黒の領域である「直近の目標・行動」が見つかるとよいだろう。

それがメンバー本人にとってもワクワクするようなものであり、かつ、上司やチームにとっても喜ばしいものであると最高だ。

しかし、当然ながらいきなりは見つからない。どうやって見つければよいのだろうか。

過去や未来に時間軸を飛ばして話を聴いていくことで、徐々に見えてくる。

過去であれば、過去のさまざまな体験

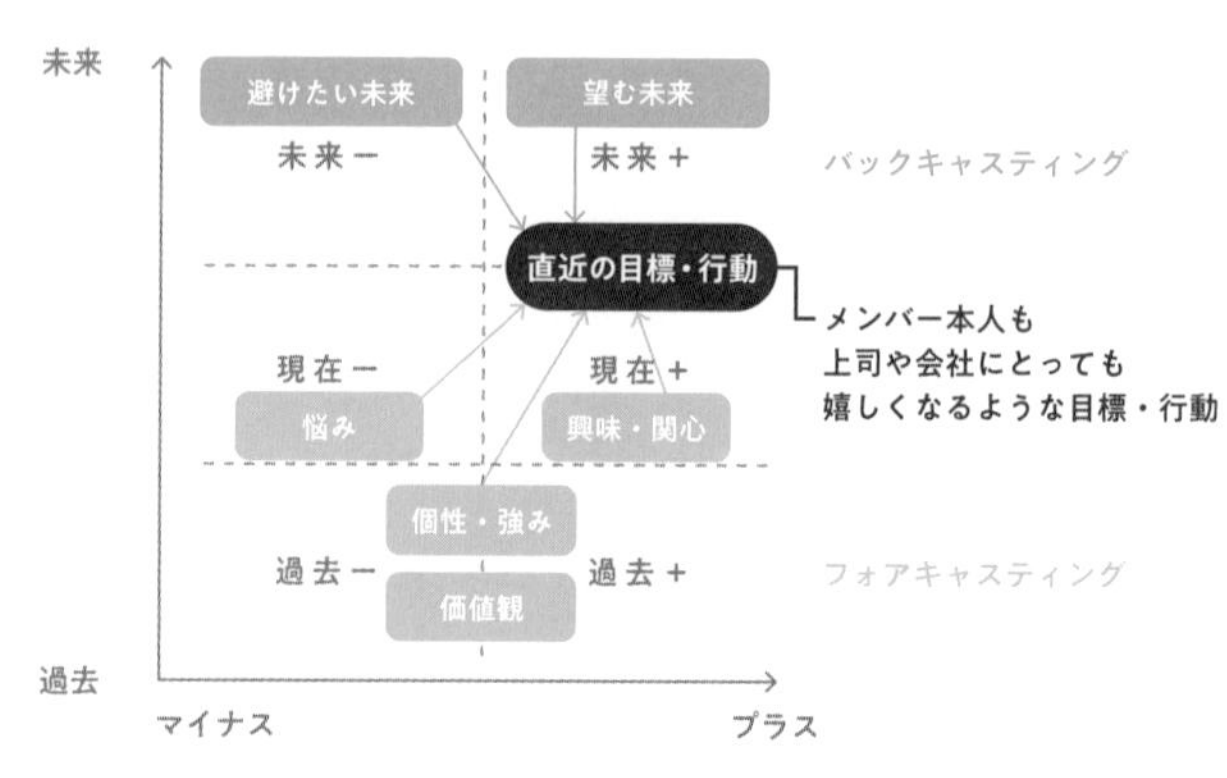

1on1などでは、さまざまな座標を移動しながら、
直近の目標・行動を探していく

から培ったその人の個性や強み、または価値観といったもの。未来であれば、望む未来や避けたい未来をイメージしていく。

現在の興味・関心や悩みを聴いていくこともできる。このマップを移動しながらさまざまな話を聴き、それらを踏まえた上で、今期の目標はどんなものだとよさそうか、今は何に注力するとよさそうかを一緒に考えていく。

すると、本人の納得感の高い目標や行動が見えてくる。

全体を網羅的に聴く必要はない。

プラスの話が出てきやすい人もいれば、逆にマイナスの話が出てきやすい人もいる。「未来はどうなりたい?」という質問に対しては「うーん、どうなりたいとかないんです」と言っていたのに、「こんなふうにだけはなりたくない未来ってある?」と質問をすると、勢いよく話し出す人もいる。

時間軸でも、過去・現在・未来と、人によって重視する視点が異なる。

また、論理一貫性を重視する人と、感情や感覚を重視する人では、話しやすい話の抽象度・具体度が違う。

管理職の人はプラスの話が得意な方が多い印象だ。

3年後にこうなっていたい、10年後にこうしていたいというものから逆算（バックキャスティング）をして、だからこの半年はこう過ごそう、と決めてきた人も多いのではないだろうか。

しかし、人によっては未来のプラスのイメージが出てこない人もいることを覚えておくとよいだろう。これは過去であっても同じだ。自分が考えやすい道筋と、相手が考えやすい道筋が異なることを知っているだけでも、話の聴き方に工夫が生まれる。

この図は、あらゆる会話に適用できるものだ。

採用面接であっても、営業の商談でも、チームミーティングでも、同僚との雑談でも、聴きたいと思った時に、このマップが頭の中にあると進行がしやすい。

図のどこの話をしているのかを認識し、最終的には現在と未来の間にあるプラスの話につなげていきたいんだということが分かるだけでも、安心して話が聴けるのではないかと思う。

そして、聴くに慣れてきたら、この図に具体度・抽象度の軸を足して、立体のマップにしてみてほしい。すると、さらに実用性の高いマップになる。ここではこの立体のマップを「聴くＭＡＰ」と呼ぶことにする。

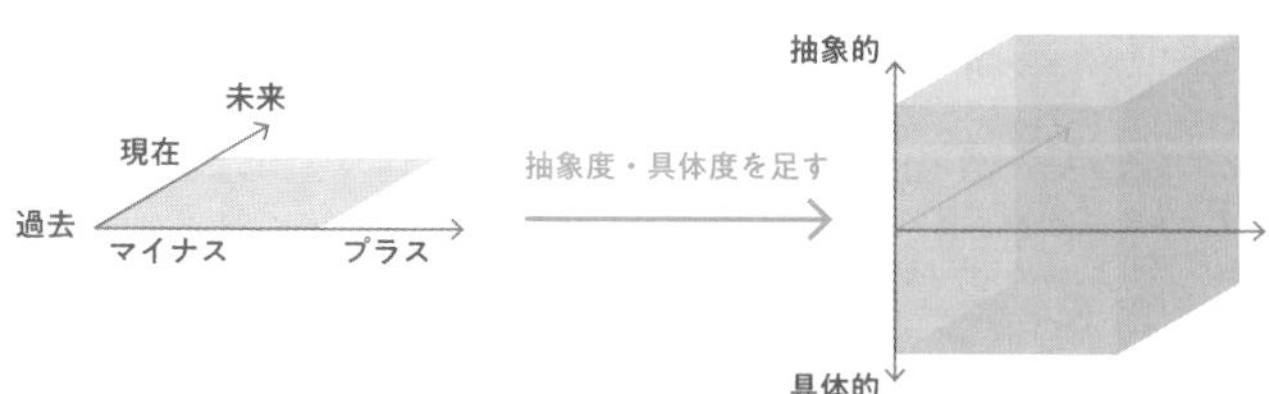

先ほどの図に、抽象度・具体度の軸を加える

「いやー、昨日の飲み会すごく楽しかったですね」。

これは過去のプラスで、抽象度は中ぐらいだ。この話の抽象度を上げる場合には、「どんな時に楽しいって思うの？」という質問をすることで、昨日の話から話を一般化する。

逆に具体度を上げる場合には、「特に楽しかったのは、どの瞬間？」と、場面にまで掘り下げていくイメージだ。

聴くＭＡＰが頭の中にあると、直近の目標・行動を明確にするために、この話題を続けるほうがよさそうか、違う話題に展開したほうがよさそうか、続けるならばどの軸をどのように移動すればよいか考えやすくなるだろう。

4つの質問だけで、話は十分に聴ける

「聴く時にはどんな質問が有効ですか?」と聞かれることは多い。

細かく分ければきりがないが、①展開、②具体化、③抽象化、④俯瞰の4つを押さえれば、1時間でも2時間でも十分に話が聴ける。

①展開は、聴くMAPの平面を移動するタイプの質問だ。

話の展開には、大きな展開と小さな展開がある。過去の話から未来の話に飛ばすような大きな話題の展開もあれば、会話例で言うと「火以外にも大事だった要素ってなかった?」のような、1つの話題の中で「他にもある?」というような小さな展開もある。

会話例の中では、(5)(6)(14)(15)が展開だ。(5)は同じ話題の中で話を促すような小さな展開をしている。(6)(14)(15)は、大きな展開とまではいかないが、少しだけ話を別の場所に移す中程度の展開と言ってもよいだろう。

②具体化は、言葉や場面をより具体的にしていく質問だ。

話の解像度を上げる意味で特に重要になるので、具体化については次の節で詳しくお伝えする。

聴く時に有効な4種の質問

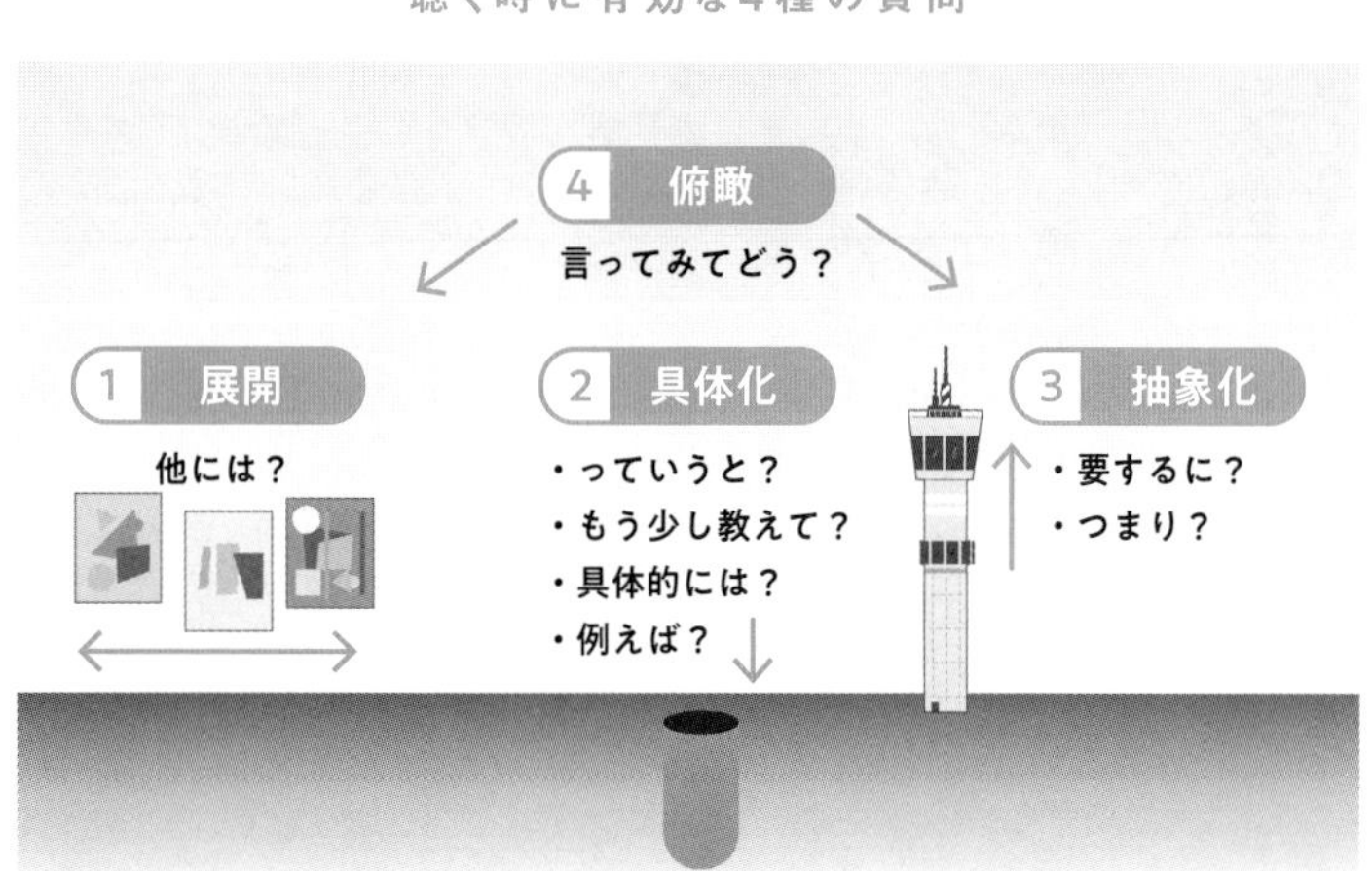

③抽象化は、話を抽象的にまとめるイメージだ。

具体を扱って省察した後には、それを一般化し、他の事象にも適用できるように抽象化をする。経験学習サイクルで言うところの概念化にあたる。

話をまとめるタイミングで「要するにどういうこと？」「つまり？」という質問をしたり、具体的なエピソードを聴いた上で「何がそうさせたのでしょう？」「あなたにとって何が大切ですか？」というような問いかけをしていく。

会話例の中では、（11）（17）が、抽象化をしている箇所である。

④俯瞰は、主観的な世界に入り込んでいたところから抜け出して、外から眺める時に使う質

問だ。

「ここまで話してみて、どう思います?」や「今話したことを、外から見てみるとどう見える?」という問いかけになる。

また、自分の世界から抜けるために「もしTさんが坂本龍馬だとしたら、この状況をどうするだろう?」というように他者やキャラクターを使うこともできる。

会話例で言うと、(12)が、俯瞰の質問スキルを活用している箇所である。

この4つのスキルの使い方次第で、話の解像度の上がり方が変わる。相手にとって有意義な聴くになることもあれば、ただの雑談になり、気づきも発見もない聴くになることもある。

「ちゃんと聴く」が、「ちゃんとうまく聴く」に変わるかどうかは、この4つが使いこなせるかにかかっている。


最も使い勝手がよく、最も効果的な質問「具体化」

なんとなく聴いているだけだと、聴くMAPの平面を移動するだけになってしまいがちだ。そこに具体/抽象という深さを与えて、上下に移動できるスキルを身につけると、聴く力が格段に高まる。

そのために求められるのが、具体化である。

具体化には、大きく分けて2つある。「言葉」の具体化と、「場面」の具体化だ。

まず、１つ目の「言葉」について考えてみよう。会話例の中では、（2）が言葉の具体化の質問スキルを活用している箇所である。

例えば、部下から「最近ちょっと仕事が面白くなってきました」と言われたら、まず「最近／ちょっと／仕事が／面白く／なってきました」と5つの言葉に分解してみる。

それぞれの言葉をwithoutジャッジメントで捉えてみると、このような問いが頭に浮かんでくる。

「最近、とはいつのことだろう？」
「ちょっと、とはどれぐらいのことを言っているのだろう？」
「仕事、とは何のことを言っているのだろう？」
「面白く、とはどういう感じだろう？」
「なってきました、とはどういう感覚だろう？」

これらは全て言葉の具体化のための問いだ。

ただ、5つも同時に質問できない。深めたほうがよさそうなところと、そうではないところがあることも想像できるだろう。限られた時間の中で効率的に話を聴くためには、どこを深めていくかの選択が重要だ。

ここで、具体化したい言葉について質問する際に、非常に便利な言葉がある。それは**「っていうと？」**という投げかけだ。

この言葉を使うことで、「私の思っている面白いと、あなたの思う面白いは違うはずなので、あなたの思う面白いをもっと教えてください」という、withoutジャッジメントで聴いている前提が相手に自然と伝わる。

先に挙げた例で言うと、相手と同じ言葉を使いながら「最近、仕事が面白くなってきたんだね。それで、面白いっていうと？　そこ、もう少し教えてほしいな」というように返すと、相手が見えている絵についてさらに詳しく話をしてくれるはずだ。

話している本人も何気なく言葉を使っていることが多い。「最近っていうと？」と質問されて初めて、自分の中での「最近」の範囲が見えてくるし、「面白いっていうと？」と質問されて初めて、自分の中での面白いとはどういうことかに意識が向く。

言葉を具体化することで、相手の中にある絵の解像度が上がっていくのだ。

もう1つ具体化したいのは、「場面」だ。会話例の中では、(7)(8)(9)が、場面の具体化の質問を活用している箇所である。

聴く時には、そこで起きたことや、発言・行動などの「したこと」だけでなく、その時に何を考えていたのか、何を感じていたのかを話してもらうことが多くなる。

さらには、その背後にある価値観や信念を聴くことも多くなる。

そうした時に欠かせないのが、場面の具体化だ。

なぜなら、感情、価値観・信念は、抽象度の高い「出来事」ではなく、具体的なある特定の「場面」に必ず紐づいているからだ。

例えば、『『タイタニック』(映画)を観て、感動したんです」という人がいたとする。

そこで言う感動は、『タイタニック』という映画全体から生まれたものではなく、必ずある特定の場面に紐づいている。

『タイタニック』は3時間超の映画だが、実際にその人に感動が生まれたのは、どこかの数秒間に特定できるのだ。

そして、感情が動いたということは、そこには何かしらその人が大切にしていること、つまり価値観がある。

会話例を振り返ってみよう。

先輩Mさんは「その中でも印象的だった言葉とか表情とかって、何かある？（8）」と聴き、後輩Tさんは「長い沈黙の時間」と、場面を特定している。

そして、さらに「その時どんな気持ちだったの？（9）」と具体化を進めた上で、「何がTさんをそんなに嬉しいって気持ちにさせたんだろう？（11）」と抽象化をしたことで、「悩みを受け止められる仲間がいることは大事」という価値観が現れてきた。

これは多くの仕事で、具体化が重要であることとも同義だ。具体を扱えないと本当の課題は見えてこない。

「お客様はみんなそう言っています」という話を、その抽象度で扱うと非常に危険だ。「いつ誰が何を言っていたのか？」という具体的な話が出てこないと、課題の本質は見えてこない。未来に役立つ抽象化をするには、具体を扱う必要がある。

場面の具体化の目安は、**5秒間を切り取る**ぐらいだ。30秒では長すぎる。5秒間の場面を見つけてほしい。

その話のダイジェスト動画をつくるなら、どの5秒を入れるか？　記念アルバムをつくるなら、どのシーンの写真を入れるか？　という視点で、具体的な場面を特定できると、そこに大切な感情や価値観が眠っている。

1on1でも、仕事の場面でも、場面の具体化が避けられてしまう時がある。主に考えられる理由は2つで、1つは時間がかかりそうということ、もう1つは扱いが難しそうということだろう。

しかし具体的な場面まで扱ってみると分かるが、抽象度の高い話だけしているよりよっぽど話の効率がよい。「ああいう人、苦手なんですよね」ではなく、「あの場面のあの言葉が嫌だった」という具体的な場面が特定できたほうが、現実的な解決策が、より早く簡単に見つかる。

1on1などで「聴く時間がとれない」「部下の話が延々と止まらない」という時には、言葉と場面の具体化をぜひ意識してみてほしい。

4つの質問で、話の解像度を上げる

ここからは、最初に挙げた会話例で、4つの質問によってどのように聴くMAPを移動していたのかを解説する。

最初に「火に興味がある（1）」という話をされた。その1文で、非常にぼんやりとした火の絵が現れる。

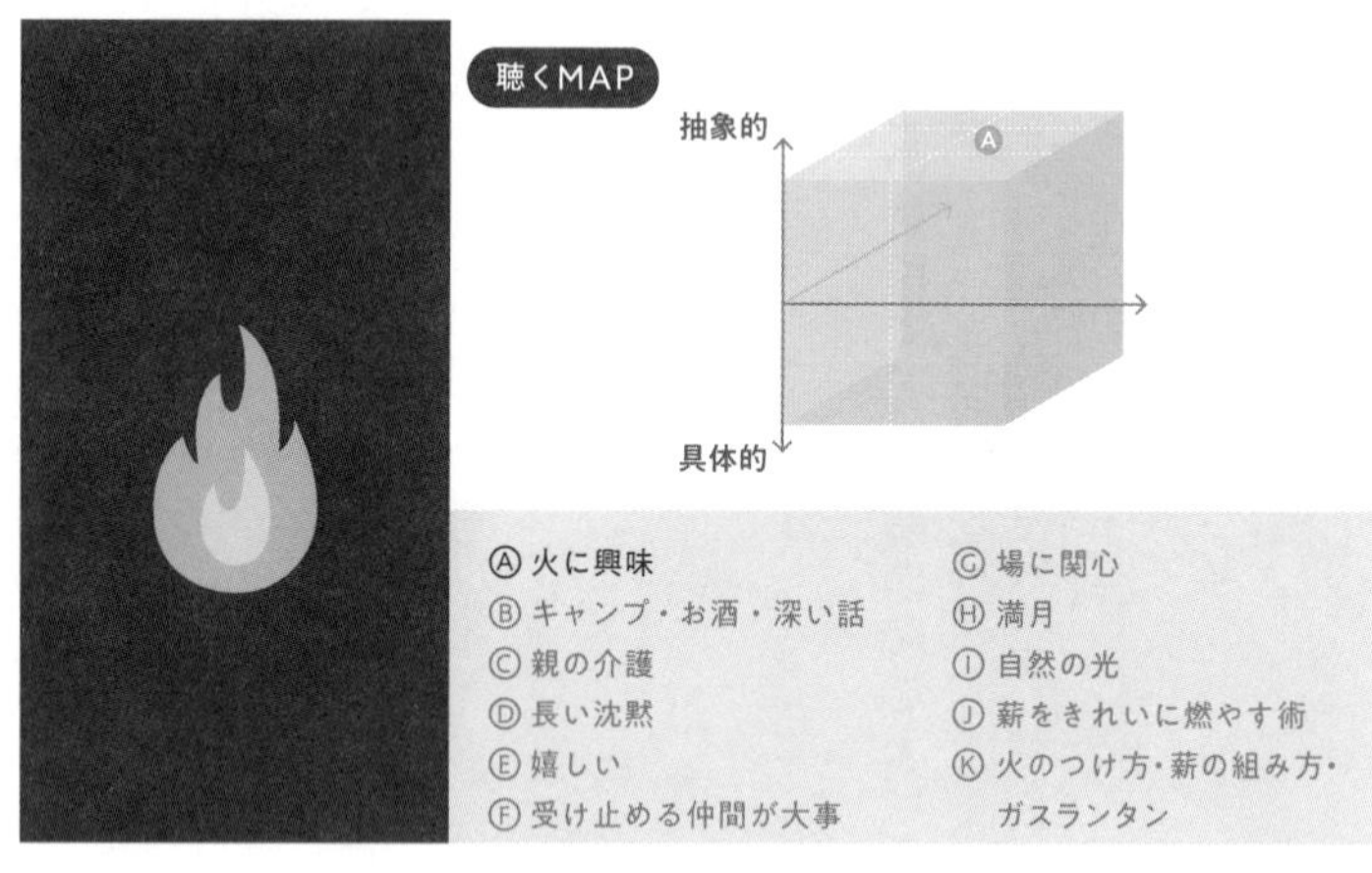

話を聴き始めた段階では、
まだ火に興味があることしか見えていない

この時点では聴くMAPは、現在のプラス部分で、抽象度の高い話をしている。Aの位置だ。

これに対して、言葉の具体化の質問**「『火に興味がある』っていうと？ もう少し教えて（2）」**とすることで、その背景にある「深い話ができた」という話を後輩Tさんがしてくれた。

見える絵としては、学生時代の友達、キャンプ、お酒、火を見て語る、深い話という絵が見えてくる。聴くMAP上での位置は、過去のプラスに移動したが、抽象度はまだ高いままだ（B）。

そして、（3）（4）で同じ言葉を使い、（5）（6）で話を展開すると、新しいキーワードが出てくる。雨、薪、テント・ペ

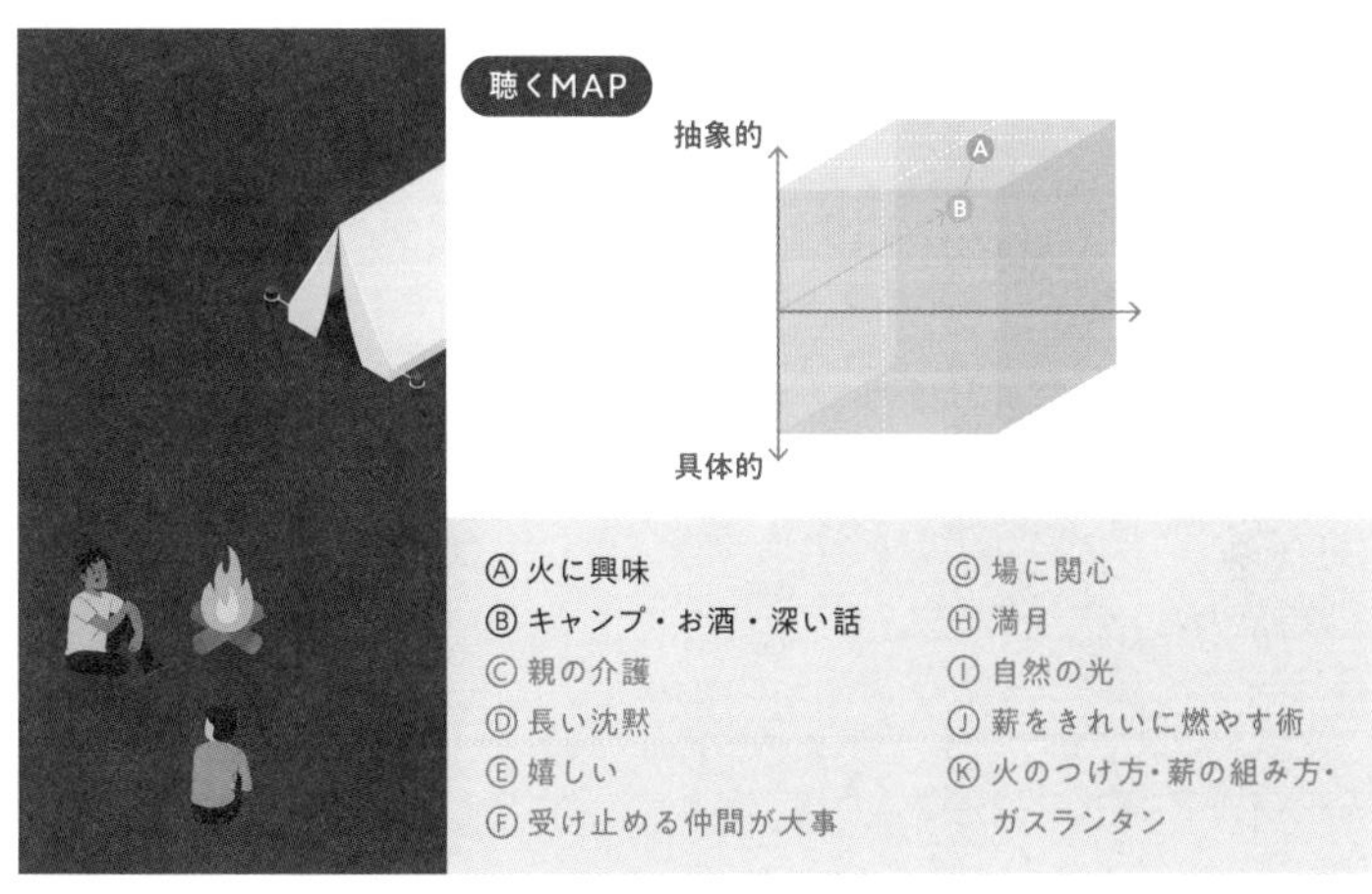

具体化の質問によって、
相手が見ている絵が少し見えてきた

グという状況や、「火も含めて、深い話ができるような要素」という興味だ。

少しずつ絵の全体像が見えてきたが、ここではまだ聴くＭＡＰはほぼ移動していない。

全体像が見えてきて、少しだけ具体度が上がった程度だ。

ここで場面の具体化の質問「**特に印象的だった場面ってあるの？**（７）」を投げ込む。

話し手が場面の具体化に慣れていないないと、この質問１つでは、５秒間まで絞り込むことはできない。なぜそんな具体的な場面を話さなければいけないのか不信がられることもある。

ここを越えるのは、文章だけでは表現できないが、信念と非言語スキルだ。

この5秒を切り取ることで、相手にとって必ず良いことがあると信じ、楽しい話を相手よりも自分が楽しんでいることが伝わると、相手は答えてくれる。まさに、何でも話してもらう力が作用するのだ。

言語スキルだけ磨いて、こうすればうまく聴けるはずだと考えて質問すると、相手は答えてくれない。言語スキルに取り組む前に、非言語スキルから取り組んでほしいと思っている理由の1つがこれだ。

話を会話例に戻そう。

会話例では、5秒間を切り取るところまではいかず、まずは友達の1人が親の介護で悩んでいる話をしたという話が出てきた。

聴くMAPとしては、「キャンプで友達と深い話」よりはかなり具体的な場面に近づいたが、まだ5秒切り取るところまではいっていない状態だ（C）。

さらに、ここで具体化の質問として**「その中でも印象的だった言葉とか表情とかって、何かある？（8）」**と続ける。

この時、相手との信頼関係がある程度できていれば、直接的に「5秒間切り取ると、どの場面が印象的だった？」と言ってもよい。しかし、いきなりこの質問をすると拒否され

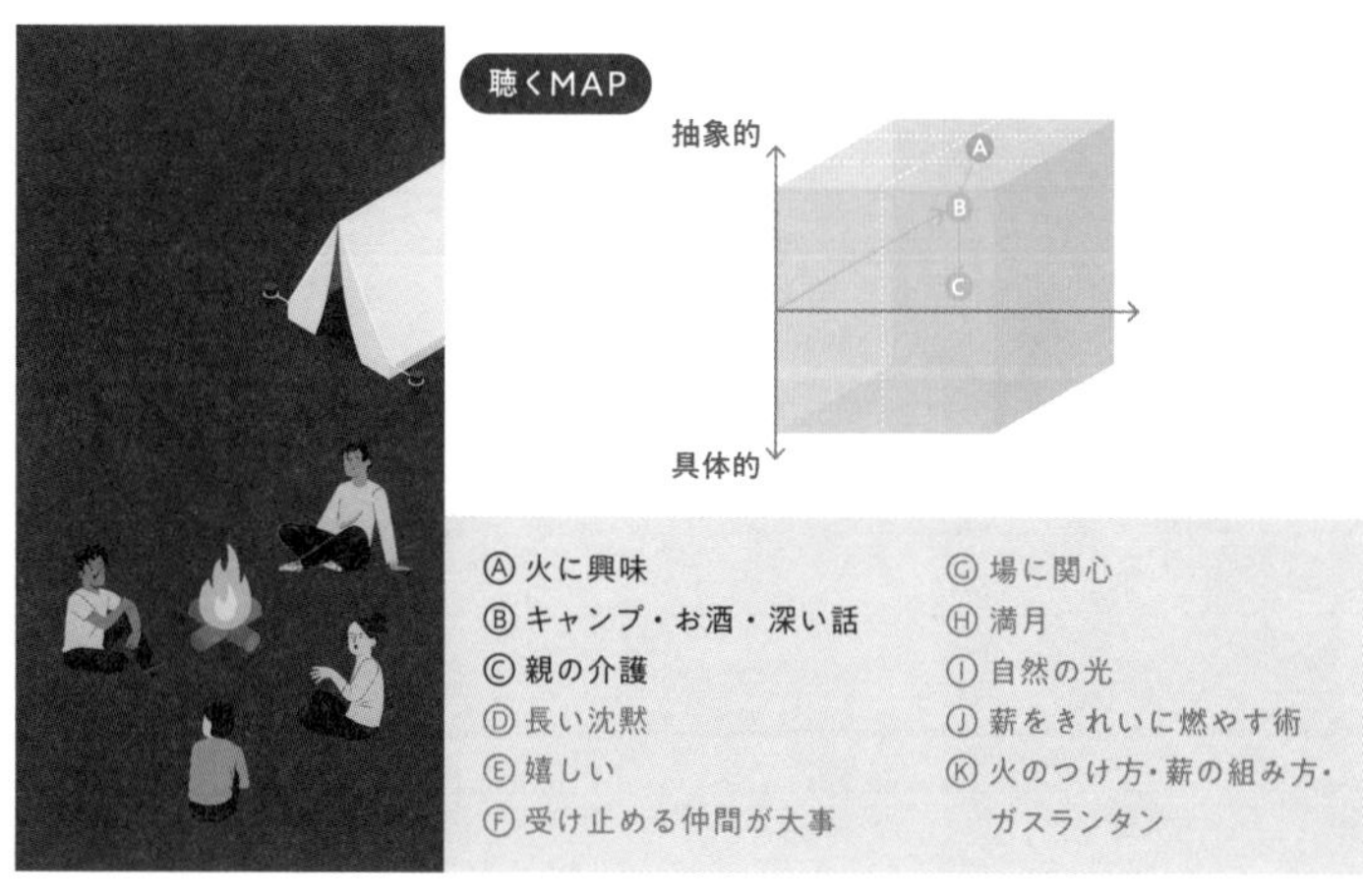

場面の具体化によって、親の介護の話をしたことは
見えてきたが、まだ5秒間を切り取ることはできていない

るケースがある。

その時に有効なのが、見えていた表情やもの、聴こえていた言葉や声や音、感じていた匂いや空気感など、視覚的・聴覚的・体感覚的に味わっていたものを問うことだ。

会話例では、「印象的だった言葉や表情は？」という問いによって、「言葉じゃないが、長い沈黙があった」という場面が出てきた。これで、5秒と言ってよい具体的な場面になったと言える（D）。

ここでさらなる具体化の質問が投げかけられる。

ここまでは表層的に起きていたことを具体的にしてきたが、「**その時どんな気持ちだったの？**（9）」と、人の内面に

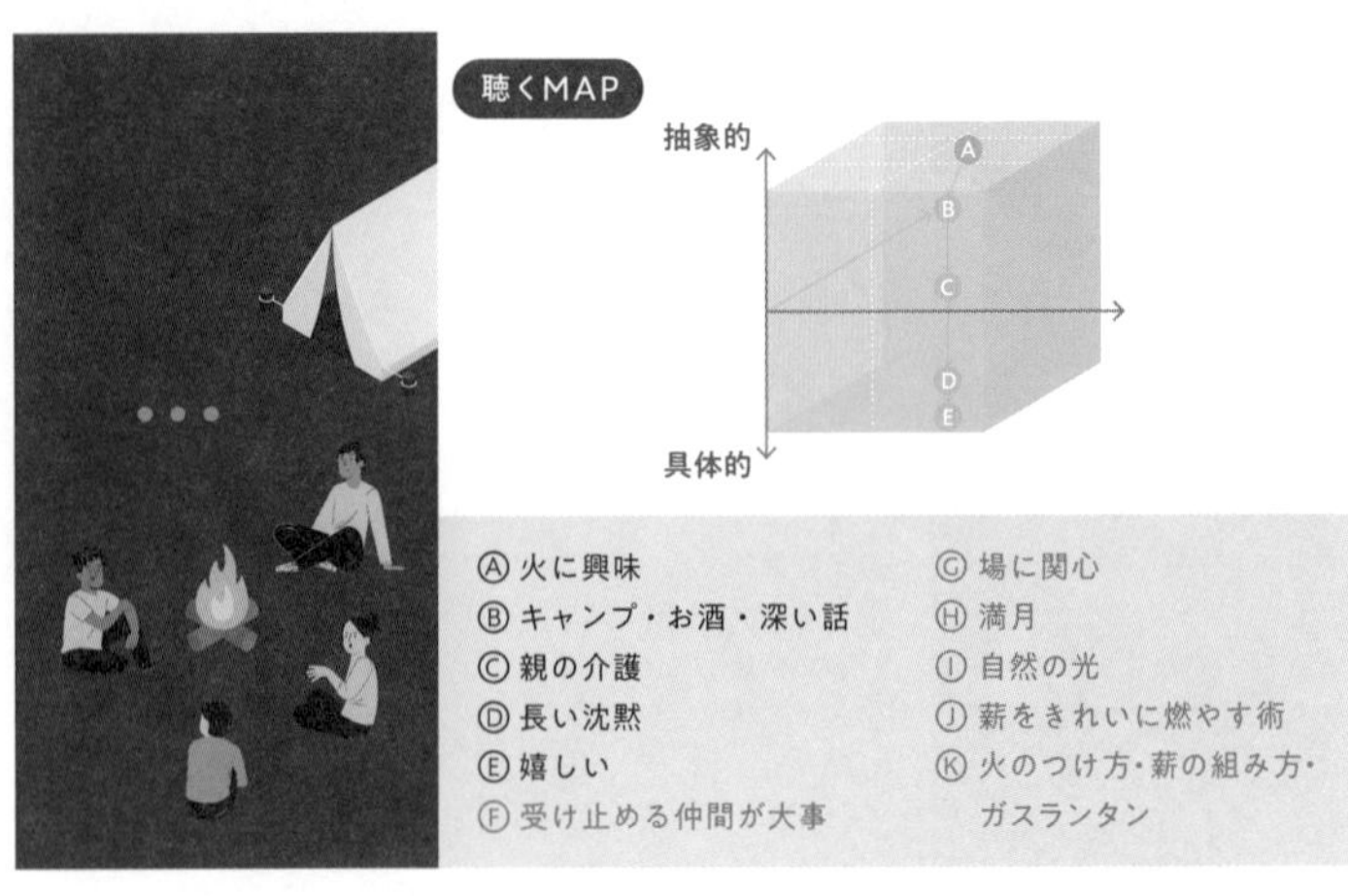

5秒間が切り取れた後に、内面に入っていくための具体化の質問を切り出したことで「嬉しい」という感情が表れた

入っていくための具体化の質問をしている。すると後輩はここで「嬉しい」という気持ちを教えてくれた（E）。

ちなみにこの質問は、5秒間を特定できてからするのが有効だ。

「親の介護の話を4人でしていた」という具体度が低い時と、「長い沈黙」という具体度が高い時とでは、同じ質問でも全く違う答えが返ってくる。

そして、ここまで場面と内面の具体化ができると、抽象化の質問が効果を発揮する。

「何がTさんをそんなに嬉しいって気持ちにさせたんだろう？（11）」という質問だ。この質問で一気に聴くMAPの上に移動する。

聴くMAP

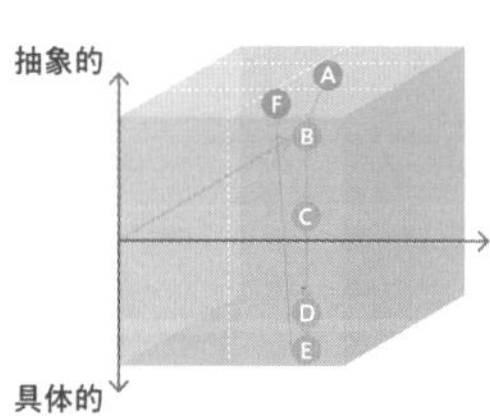

Ⓐ 火に興味
Ⓑ キャンプ・お酒・深い話
Ⓒ 親の介護
Ⓓ 長い沈黙
Ⓔ 嬉しい
Ⓕ 受け止める仲間が大事
Ⓖ 場に関心
Ⓗ 満月
Ⓘ 自然の光
Ⓙ 薪をきれいに燃やす術
Ⓚ 火のつけ方・薪の組み方・ガスランタン

5秒間を切り取る具体化ができると、
価値観が見つかりやすい

そうすることで、「悩んだ時に、打ち明ける相手がいてよかった」「受け止められる仲間がいるって大事」という価値観が出てきた（F）。

この後は、どこに話を展開することもできる。

先輩Mさんが**「ここまで話してみて、改めてどう？（12）」**と俯瞰の質問をすると、後輩Tさんは「場」に関心があると言い始めた。火に興味があるのではなく、場に関心があることが分かったのだ（G）。

後輩Tさんが体験した場を、俯瞰視点で改めて眺めてみると、違うことが見えてくる可能性がある。それを確認するために、展開の質問が投げかけられる。

「場をつくるって意味で、**話には全く出**

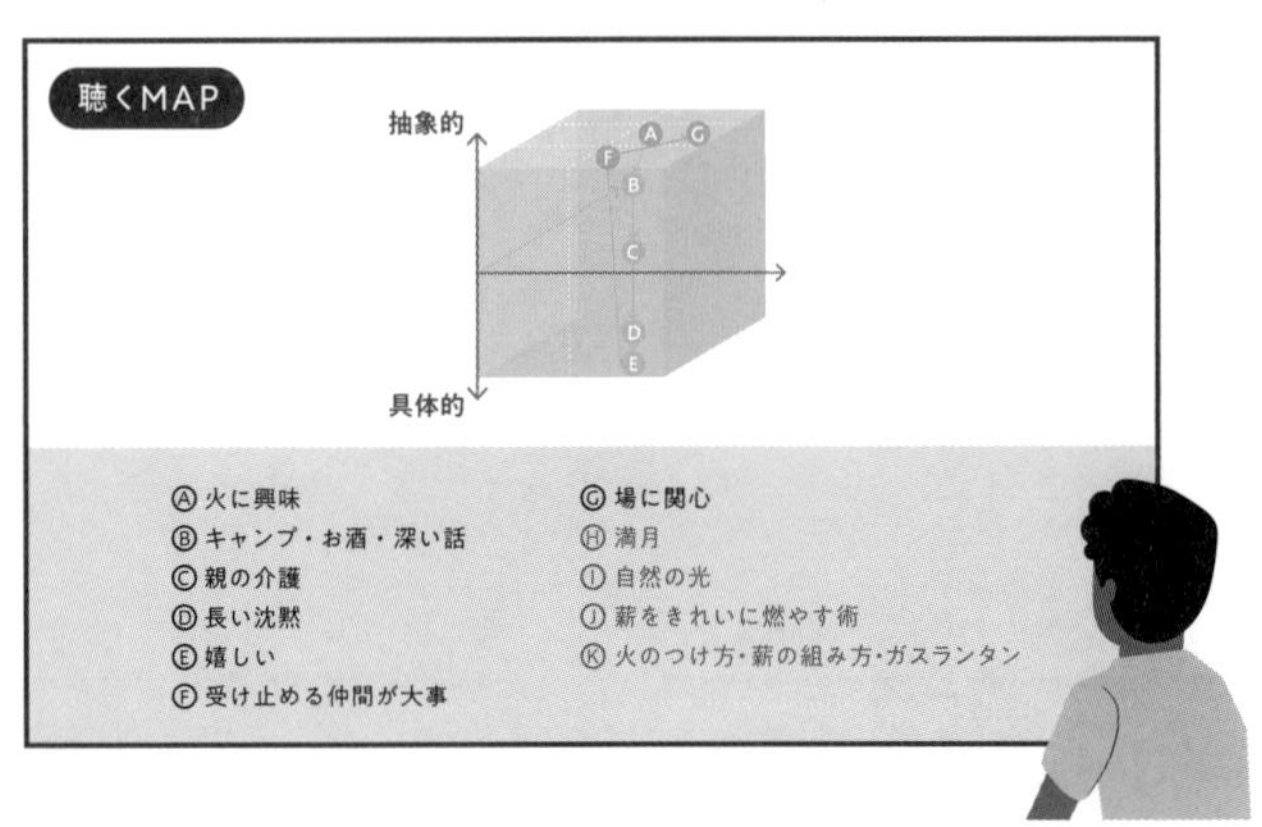

会話全体を俯瞰視点で眺めた時に
初めて気づくものがある

てこなかった要素だけど、大事だったものってあったりするの？（14）」。

これに対してTさんは「どういう意味ですか？」と返しているが、話を展開すると相手がついてこられない時がある。

こういう時は、Mさんのようにもう一度丁寧に質問をするとよいだろう（15）。

Mさんはここで、「あえて言えば」という枕詞（まくらことば）を使っているが、これは質問をする時には効果的な言葉だ。「あえて言うと」と言われると、何を言っても大丈夫という安心感が得られる。

そして、「満月」という新たな要素が出てきた（H）。こうした具体的な場面が現れると、相手は自然と何が大事だったのかを抽象化してくれる。この場合は

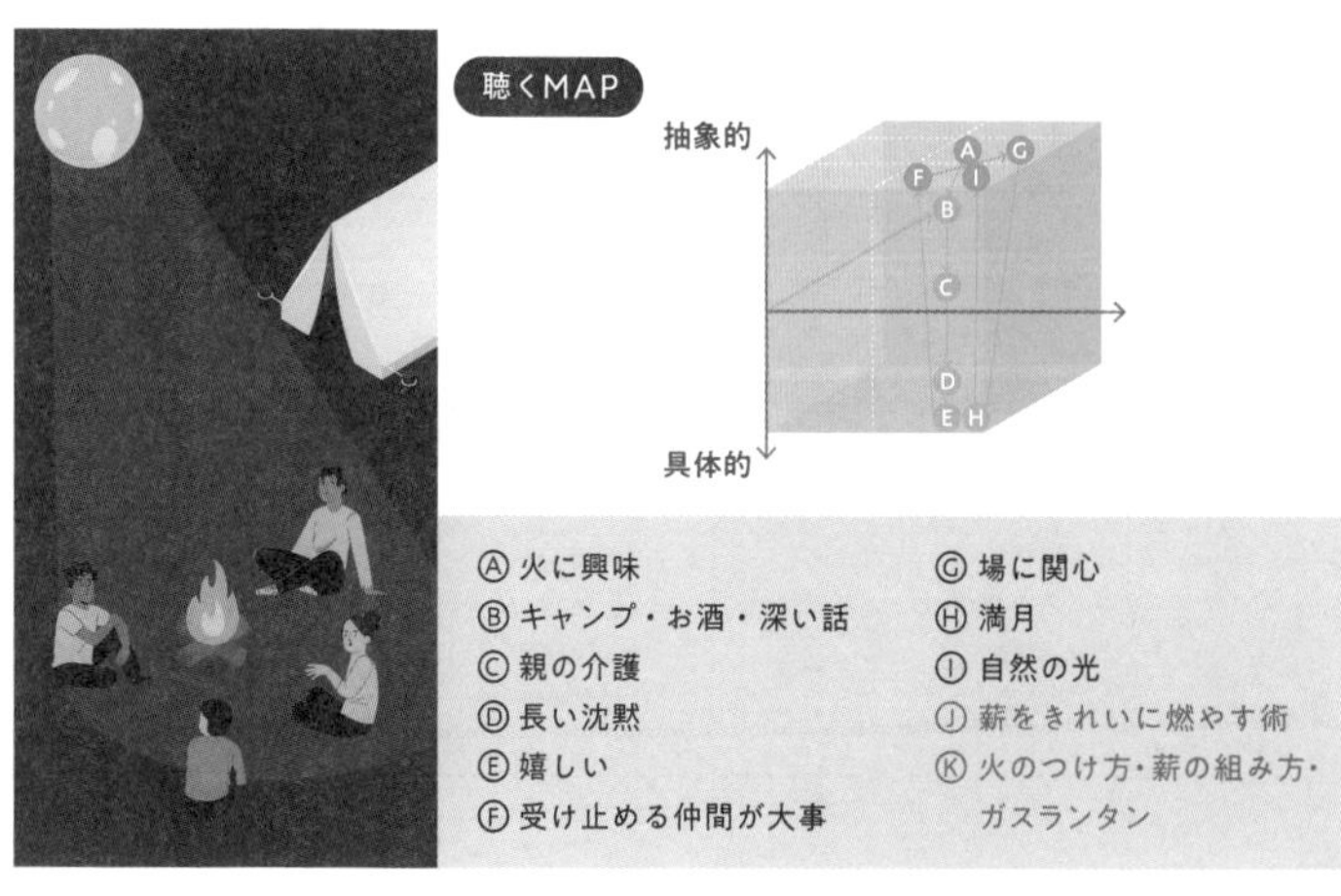

展開の質問をする時には、相手が話題についてきているかに注意する

「電気ではなく、自然の光が大事だった」という部分だ（I）。

ここまで要素が出てくると、現在と未来の間にあるプラスに話を展開しやすい。

Mさんは、「次に同じようなシチュエーションがあったら、これだけは外せないってポイントとかあったりする？（17）」という展開の質問をすることで、Tさんの現在と未来の間にあるプラスを引き出した（J）。

信念と非言語スキルを使って、相手に話したいことを何でも話してもらい、そして言語スキルを使って、その話の解像度が上がると、論点が極めて明確になる。

すると、火のつけ方や薪の組み方、ガ

聴くMAP

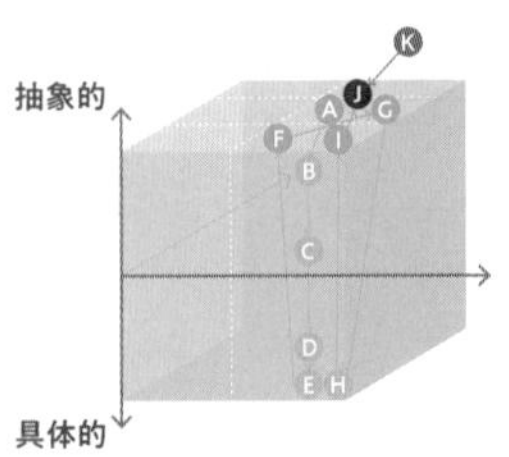

Ⓐ火に興味	Ⓖ場に関心
Ⓑキャンプ・お酒・深い話	Ⓗ満月
Ⓒ親の介護	Ⓘ自然の光
Ⓓ長い沈黙	Ⓙ薪をきれいに燃やす術
Ⓔ嬉しい	Ⓚ火のつけ方・薪の組み方・ガスランタン
Ⓕ受け止める仲間が大事	

十分に要素を聴き切ることができたら、
未来のポジティブに話を展開していく

スのランタンといったアドバイスが刺さる状態になる（K）。

「まず、ちゃんと、うまく、聴く」からこそ、Mさんが持っている知識や経験が、アドバイスとして、相手に届くのだ。

「なぜ」ではなく「なに」

質問の中で、すぐに使える非常に効果的な言い回しがある。それは**「なぜ」ではなく「なに」を使う**というものだ。会話例の中でも活用されている（11）。

これは慣れるまでは少し聴く側にも違和感のある質問の仕方かもしれないが、非常に効果的なので、ぜひ活用していただきたい。

私の講演を聞いたあるお母さんのお話

だ。

幼稚園に通う娘さんが、４月に年長さんになってから、教室から飛び出してしまい、それに対して先生が手を焼いている。と、先生から共有があったそうだ。

もしかしたら新しいクラスが嫌なのかな、馴染めないのかな、など母親としては少し心配になるだろう。

そんな時、そのお母さんは私が講演で話した肯定的意図について思い出したという。

「教室を飛び出す娘には娘なりの肯定的意図があるのだろう」と思って考え始め、翌日、娘さんと幼稚園に向かう道中、２人で歩きながら娘さんの肯定的意図を聴こうと切り出した。

「最近、教室から飛び出すって聞いたよ。なんで飛び出すの？」

しかし、娘さんは無言で、答えが返ってこなかったそうだ。

そして、さらに翌日もう一度聴いてみようと思った。

そこでこのお母さんは、私が『なぜ』ではなく、『なに』が効果的ですよ」と話していたことを思い出し、こう質問をした。

「何が教室を飛び出したいなって思わせるの？」

すると、娘さんは少し考えて「年少さんのお手伝いがしたいの」と答えたという。

お母さんは、年少さんのお手伝いが何のことかは分かっていなかったが、「そっか。年少さんのお手伝いがしたいんだね」と伝えて、幼稚園に着いた。

娘さんを送り届けた後、先生にその旨を伝えると「あー、そういうことですね！」と先生も合点がいったようだ。聞けば、娘さんが年中クラスにいた頃、「登園したら年少さんのお手伝いをする」というのが彼女の日課だったのだという。

相手の話をちゃんと聴こうとすると「なぜ」と質問しがちだ。相手が見ている景色を見たいからこそ、その背景が知りたくなる。

しかし「なぜ、そう思うの？」「なんで、そうしたの？」と言われると、少し責められている感じがすることがある。

もちろん聴く側は責める気なんてない。「なぜ」も「なに」も、その言葉に込めている意図は同じだったりする。それだけでなく、「なに」を使った質問は、少し違和感のある言い回しかもしれない。

しかし、「なぜ」を受け取る相手は「正しい答えを言わなければ」「この人が納得する答えを言わないと」と感じやすい。

それに対し、「なに」という問いは、一緒に考えようとしてくれていると感じる。

仕事を進める上では「なぜ」という問いが大事だ。事実を確認する上では、なぜを繰り返して真因を特定したい。

しかし、人の内面（思考・感情・価値観など）を扱う時には「なぜ」だと少し責められている印象を与えやすい。もし相手を責める気がなく、内面的な話を扱うのであれば、「なぜ」という疑問詞を「なに」に置き換えてみることをおすすめしたい。

「なぜ、そう思うの？」という言葉の主語は「あなた」だ。「あなたは、なぜ、そう思うのか？」と聞いている。

一方で「何が、そう思わせるの？」という言葉の主語は「何が」だ。「あなたの中の何が、そう思わせるのか？」それを一緒に探そうという質問である。

つまり、疑問詞を「なぜ」から「なに」に変えるのは、相手に関心を向けるのではなく、相手の関心事に関心を向けるための手っ取り早い方法なのだ。

相手に自己開示してほしければ、自分から自己開示する

読者の中には、相手が話してくれないという悩みを持っている人もいるのではないだろうか。

話してくれない時には、主に2つ要因が考えられる。

1つは信頼関係がまだない場合。もう1つは、関係は悪くはないが、その話のテーマに

興味や関心がない場合だ。

後者については第4章で扱うので、ここでは前者の場合を扱っていきたい。

関係ができていないというのは、この人に話しても大丈夫であるという関係性が、話し手から見て構築されていない状態だ。聴き手からではなく、話し手から見てというのが重要だ。

関係性は、話した時間の長さや、そのコミュニティの文化や空気感、また話し手のタイプによっても変わってくる。

話す時間の蓄積が大きいほうが話しやすいし、上司部下であれば会社の文化や雰囲気がオープンかどうかは話しやすさに影響を与える。プライベートな話なんて言語道断という会社であれば、個人的な話はしづらいものだ。

また、自分のことをオープンに話すタイプと、あまり自分のことは語りたがらないタイプというように、それぞれの個性も影響する。

こうした時に有効なのが、**自分から自己開示をするというアプローチ**だ。これは、何かをされるとお返しをしたくなる「返報性の原理」という、人の心理に働きかけるものだ。

例えば、プレゼントやお土産をもらうとお返しをしたくなる。自分に好意を示してくれた相手に対しては、同じように好意を返したくなる。

　この返報性の原理は、自己開示においても同様に働く。

　部下があまり話をしてくれなくて悩んでいるのであれば、自分が部下と同じ立場だった時の話や、今の部下の気持ちと同じような気持ちになった過去のことを、まずは自分から話してみる。

　決して、自慢話や武勇伝を語るわけではない。返してほしいものと似た類の話を自己開示する。

　今上司として悩んでいることでもよい。全く同じ境遇でなくても、こちらがなるべくオープンに気持ちや状況を明かしてみると、口の重かった部下も「お返しをしようかな」という気持ちになる。

「1on1は部下の時間」と研修で言われると、上司は完全に聴くだけに徹しようとする。すると、部下は意外と話してくれない。

　だから、聴く側から先に、悩んでいることやモヤモヤしていることなど、自分の気持ちを開示する。**部下の時間にするために、まず自分から自己開示をするのだ。**

　話しすぎには注意が必要だが、上司の自己開示の積み重ねによって、自然と相手の心理も変化していくだろう。

全てを聴き尽くす必要はない

言葉の具体化について説明した際、限られた時間の中で効率的に話を聴くには、深めたほうがよい言葉を見極めることが重要であると述べた。これは裏を返すと、絵の中にあるもの全ての解像度を上げる必要はないということでもある。

会話例で言えば、テントに詳しい人なら大きさやメーカーを確認したくなるかもしれない。しかし、それが相手の今の関心事でなければ、解像度を上げる必要はない。

あるいは深い話をしていた時の友達4人の表情を聴きたくなるかもしれない。しかし、やはり相手の関心事ではなかったら聴かなくてよい。

相手の関心事でないことを、よかれと思って確認する、という状況はよく起きる。

プロジェクト内でＩＴ機器にトラブルがあり、上司へ相談をする。すると上司がＩＴ機器の話だけでなく、プロジェクトの進捗や人間関係まで根掘り葉掘り聞いてくる。

上司としては、トラブルの周辺から丁寧にヒアリングをして、よりよい課題解決をしたいのだ。プロジェクトに対しても、部下に対しても関心が高いからこそのヒアリングだ。

しかし一方の部下としては、ＩＴ機器のトラブルを解決したくて上司の知恵を借りようと思っただけ。人間関係がトラブル解決に関係があるとは思っていない。

そこで人間関係の説明まで強いられては、時間がもったいないどころか、部下には「そこじゃないのだけれどな」というモヤモヤが生まれる。

こうしたことが重なれば、次も話したい、相談したいという気持ちが薄れることにもなりかねない。


こうした時には、無理に根掘り葉掘り聴く必要はない。あなた自身はなぜ解決したのか分からなくても、話を十分に理解しきれていないと感じたとしても、相手にとっての問題・課題が解決すれば、それでよい時もある。

それを「自分が解決した」と思いたかったり、「あなたのおかげで解決しました」という言葉を求めると、手段が目的化してしまう。

全てを聴き尽くそうとするのではなく、どこまでも「相手の関心事」に関心を寄せて、相手にとって必要な部分の解像度を上げていくこと。

その意識が「何でも話してもらえる関係」を維持することにもつながっていく。

言語スキルが低いとどうなるか

ここまで、職場で一般的かつすぐに使えて、効果的な言語スキルについて述べてきた。

さらなるスキルについては、コーチングやカウンセリング系の専門書にお譲りするが、ここではもし言語スキルが低いとどうなるのかを最後にお伝えしておく。

言語スキルが低いと、聴くことで得たい効果を手に入れるまでの時間が長くかかる。つまり、時間対効果が下がる。

先の会話例であれば、自分の関心を掘り下げた上で次のキャンプをより有意義にするための気づきやヒントを得るまでに1時間かけるか、10分でたどり着くかが変わる。

速ければよいというものではないが、時間効率を上げてくれるのが言語スキルなのだ。

スポーツでたとえるのであれば、想いが強く、とても熱心だが、技術・戦術の指導力が低いコーチと言えるかもしれない。少年野球のコーチを、野球をしたことがない人がやっていたら、やはり野球経験の豊富なコーチと比べると、指導効率が落ちてしまうのは仕方がないことだ。

先日、今の会社に残るのか、転職をするのかに悩んでいる元同僚から相談に乗ってほしいと言われた。打ち合わせの制限時間は1時間だ。冒頭、彼女はこのように語った。

「4月のタイミングで希望していた異動が叶わなかった。前の部署で最も信頼していた元上司に相談したら『あなたならまだできる。今の環境でできると信じています』と言われた。今の仕事にもやりがいはあるし、信頼する人からの言葉をもらって、もし転職するにしても、やり切ってからだと思い、あと1年は今の会社に残ることを決めた。この状況でしっかりとやり切る方法について相談がしたい」とのことだった。

しかし、１時間後に彼女はこう語った。

「自分が何に悩んでいるのかが分かっていなかった。聴いてもらったことで何を考えればよいのかが明確になった。今の環境でやり切る方法ではなく、転職を前提に、やりたいこととできることの重なりがどこにあるのかを明確にすることが、今の自分に必要だと分かった」。

彼女の表情は、納得感に満ちていた。

進行・質問の言語スキルが低かったら、おそらく「今の環境でやり切る方法」について１時間を費やしていただろう。

しかし、この時は聴くMAPの中でさまざまな方向に動きながら、彼女がその時に１番話したかったこと、つまり彼女の関心事が「今の環境でやり切る方法」ではないことに、開始10分でたどり着けた。

そして残りの50分は、彼女自身も気づいていなかった本当に考えたいことをたっぷり扱うことができたのだ。

時間は有限だ。できるだけ効率的に、相手が話したいことは何かを特定し、その特定した話の解像度を高めることに時間を使いたい。特にビジネスシーンでは、その必要があるだろう。

うまく（効率的に）聴けていない時には、何が起きていることが多いのか。

主には2つあるように思う。

1つ目は、展開がうまくできないことで、聴くMAPの平面で有効な動きができないパターンだ。「今の環境でやり切る方法」という話から大きく展開されないため、相手が潜在的に扱いたいと思っている話が扱えない。

会話例で言えば、「火に興味」から話が大きく展開されず、「ホント、火ってよいよね」と話が着地するような会話になるだろう。

2つ目は、展開がうまくても、具体化の意識がなかったり、具体化が甘く、聴くMAPを下に降りていくことができないパターンだ。

会話例で言えば「火に興味」から「深い話ができる場」に展開はしたが、場面の具体化ができなければ、未来に活かせる抽象化が弱くなる。「深い話ができる場に関心があるんだね」という会話で終わってしまう。

同じ1時間を費やしても、言語スキルいかんで生み出される効果は大きく異なる。時間が無制限であれば、聴き続けていればいつか目的地にはたどり着く。東京から大阪だって歩いても行ける。しかし、時間効率を考えたら新幹線で行きたい。

こう書くと「やっぱり聴くにおいては言語スキルが大切なんだ」となるだろう。

しかし私は、信念や非言語スキルが欠けるよりは、言語スキルが欠ける方がまだよいと考えている。なぜなら言語スキルがなくても少なくとも目的地には近づけるからだ。

もちろん、言語スキルを高めなくてよいとは言わない。

しかし、あくまで信念と非言語スキルで「ちゃんと」聴いて初めて、言語スキルの「うまく」聴くが成り立つことを忘れないでいたい。

コンディションを考える

持っている聴く技術を最大限発揮するために

コンディションとは、持っている技術の本番での発揮力だ。自分が持っている想いやスキル、知識などの集合体である技術を、本番で発揮するには良いコンディションが必要となる。

あなたは自転車には乗れるだろうか。ほとんどの人が、「はい」と答えるだろう。

しかし、「地上から100メートルの高さにある狭くて手すりのない橋で自転車に乗ってください」と言われたらどうだろう。私は怖くて乗りたくない。地上であれば難なく通れる幅の道でも、地上100メートルとなると普段持つ技術を発揮することは難しい。

同じように、1年間必死で試験勉強をしてきても、試験当日に高熱で頭がボーッとしていたら、勉強の成果はフルには発揮されないだろう。

コンディションが整わなければ、本来持っている技術が発揮されないのだ。

コンディションを分解すると、大きく身体、感情、感覚の3つに分けられる。

身体は分かりやすい。どれだけ高い技術を持っていても、風邪をひいて熱があったり、怪我をして痛みがあれば、持っている技術は十分に発揮されない。

2つ目の感情についても、実感がある人が多いだろう。失敗が許されない大事なプレゼンで緊張をして、いつものパフォーマンスができなかった、という経験がある人は少なくないと思う。

多くの場合、不安や恐れ、怒りや悲しみといったネガティブと括られる感情が、技術の発揮を妨げるケースが多いが、ポジティブな感情も例外ではない。どの感情が良い悪いではなく、その場にあった感情の状態であるかどうかが大切になる。

そして3つ目の感覚は、少し分かりづらいかもしれない。しかし、技術を発揮する上では影響が大きい要素だ。

感覚とは、見えるもの、聞こえるもの、感じるものといった五感感覚だ。集中力を高めるために音楽を聴いたり、リラックスするためにフレグランスを使う人もいるだろう。閾(いき)下知覚(かちかく)と言って、顕在意識では捉えていない感覚も、技術発揮に影響を与える。

この身体、感情、感覚の3つは密に連動している。

一度この本を脇に置いて、胸を張って、少し上を向き、最高の笑顔をつくってみてほしい。その身体の状態で、落ち込むことは難しい。感覚も今に意識が向きやすくなるかもしれない。

逆に、肩を落として、下を向いて、はぁとため息をつきながら目をつぶってみてほしい。この身体の状態で「楽しいなぁ」という感情にはなりづらい。

「幸せだから笑うのではない、笑うから幸せなのだ」という名言が誰のものかは諸説あるようだが、身体と感情と感覚は密につながっているのだ。

普段自然と行っている行為であるがゆえに、聴くとコンディションの関係に目を向けたことはないかもしれない。

しかし、もしあなたが3年間取り組んできたプロジェクトの大切な最終プレゼンを1時間後に控えた時に、1on1で部下に真剣な相談をされたら、ちゃんと聴くことはできるだろうか。

コンディションが整わないことが分かっていたら、1on1は入れないほうがよい。

スポーツの試合や大切なプレゼンに良いコンディションで臨むために心身を整える人は多いだろうが、これは聴くにおいても例外ではない。

それほど聴くというのは、能動的な行為であるということでもある。

あなたが持つ信念とスキルを存分に発揮するためにも、本当に聴きたいと思った時は、コンディションを整えて場に臨むことを意識してみていただきたい。

良いコンディションで臨むためにできること

コンディションに影響を与えやすい状況について、意外と抜けがちな視点をお伝えしておく。

1つは、相手との関係性が、感情に大きく影響を与えるということだ。

もしあなたが「やりたくない仕事はつい3日くらい放置しちゃうんですよね」と言われたら、何を思うだろうか。

相手が部下だったら「それはダメだろ」と思う。ところが、相手が他社に勤める友人だったら「へー、そうなんだね」と思うかもしれない。前者は聞く、後者は聴くの反応だ。

特に、上司部下、プロジェクトメンバー、夫婦、親子などの関係性が近い相手だと、withジャッジメントになりやすい。関係性が近いということは、利害が発生しやすいということだ。自分に影響がある。そうなると、withジャッジメントで話を捉えやすいのだ。

加えて、その話題に対して自分自身がこだわりや思い入れがあったり、よく知っている内容だったりするとなおさらだ。

聴く時には、関係性が近いと感情面でのコンディションが整いづらい、ということを理解しておいたほうがよい。


もう1つは話をする環境だ。これは感覚に影響を与えやすい。ここで言う環境とは、空間、周囲の音や匂い、光の加減など、五感に刺激を与えてくる要素だ。

環境を選べないこともあるし、選ぶにしても無意識で選ぶことが多いので、場所による違いがなんなのかを言語化できてはいないと思うが、聴く時の環境が大事であることを多くの人は経験的に知っているはずだ。

この環境を分解すると、五感感覚に行き着く。

窓のないコンクリートに囲まれた部屋と、窓から緑の景色が広がっている部屋。とても静かでゆったりとした音楽が流れる場所と、音楽も周囲の音声もガヤガヤしている場所。

視覚、聴覚だけでなく、体感覚もある。圧迫感のある狭い部屋と、開放感のある開けた空間。また匂いや部屋の温度、椅子の座り心地だって、顕在意識で捉えていないだけで、コンディションに影響を与える要素だ。


環境は聴き手にだけでなく、話し手にも影響を与える。

相手がどういう環境だと話しやすいのか。そして自分はどういう環境だとコンディションが整うのか。相手が話しやすく、自分のコンディションが整う環境に意識を向けたい。ビジネスの現場では環境を選べないことも多いが、意識をすれば工夫できることはたくさんある。どの会議室を選ぶかはもちろん、座る位置や時間帯、そこにコーヒーがあったら何かが変わるのか。もし会社を出られるなら、カフェや飲み屋など、どんな雰囲気のお店がよいのかも考えられるだろう。

オンラインで1 on 1をするなら、画面をオンでするか、オフでするかは、かなり大きな違いとなる。

聴く技術は、誰もがすでに持っている。

聴けていないと感じているからといって、「技術がない」と思わないでほしい。あなたの中には間違いなく、これまで生きてきた年数分の聴く技術が蓄積されている。今は、その技術が発揮されていないだけで、コンディションが整えば、すでにみなさんは良い聴き手となる可能性が高い。

コンディションは非常に繊細で、目には見えづらい。しかし、確実に影響する。あなたが持っている技術を最大限に引き出すために、ぜひコンディションに意識を向けてみてほしい。

まとめ

聴く技術 ＝ あり方 × やり方
信念　非言語スキル × 言語スキル

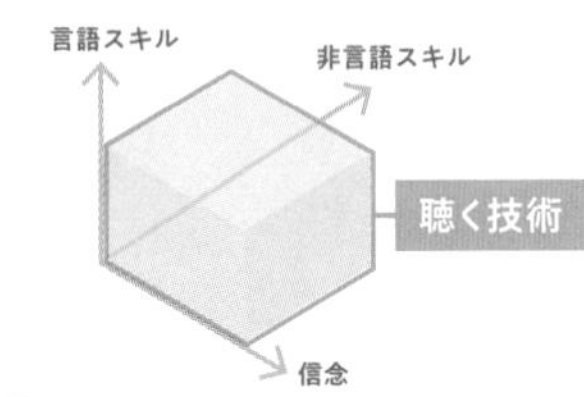

聴く力 ＝ **聴く技術** × コンディション

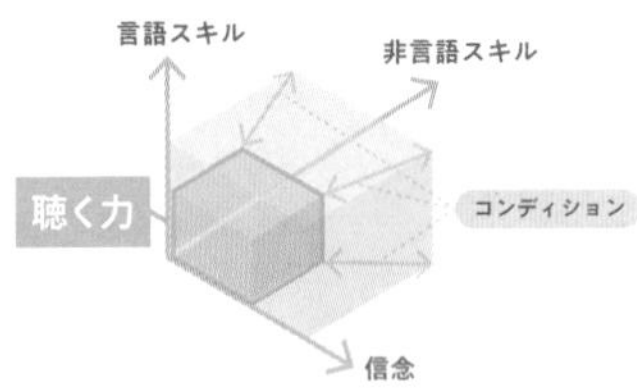

聴く力 ＝ 何でも話してもらう力 × 解像度を上げる力

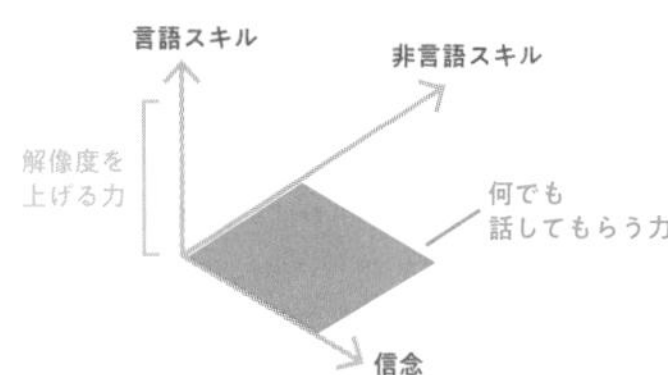

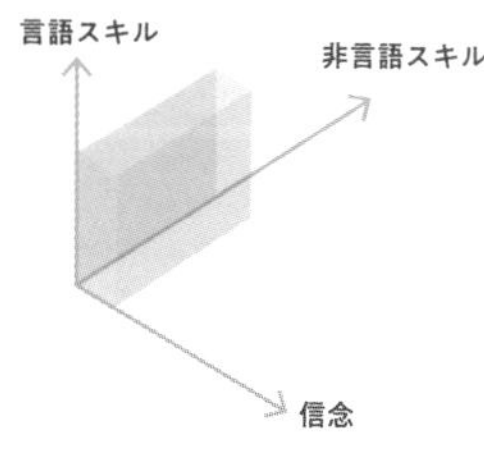

**非言語・言語スキルは高いが、
信念が聴くに適していないと…**

話し手は相手が理解や合意してくれそうなテーマや
内容のみを選んで話す状態になりやすい。
一方で、話してもらえさえすれば、
効率的に問題解決や気づきを促すことができる。

ex. 問題解決と割り切って関わるコンサルタント

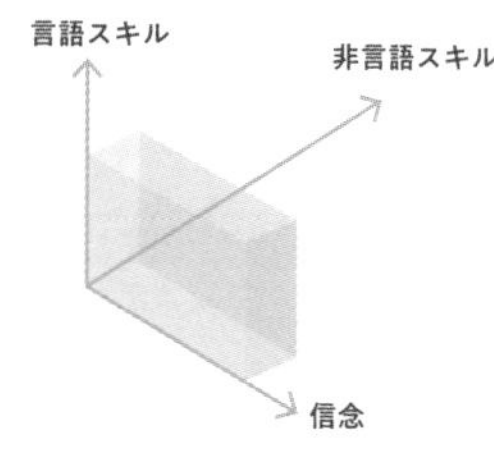

**信念は適し、言語スキルは高いが、
非言語スキルが低いと…**

話していたら、つい話すつもりのなかったことや、
自分が思ってもみないようなことまで話してしまって
いたという状態にはなりづらい。
一方で、話をしてもらえた内容については、
効率的に聴くことができる。

ex. 問いに対しては的確な反応をくれるAIチャットボット

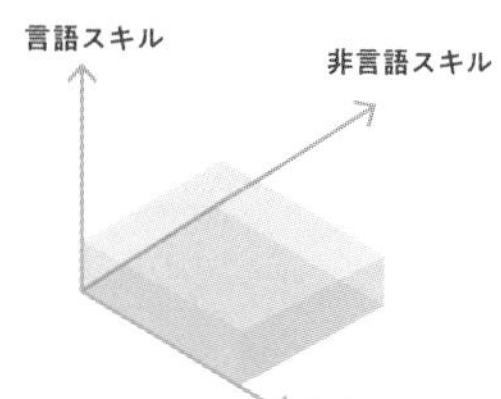

**信念は適し、非言語スキルは高いが、
言語スキルが低いと…**

話してもらった内容について、問題解決や気づきを
促すことが効率的にできない可能性が高くなる。
一方で、話し手は気持ちよく何でも話せるため、
話すことでの気づきは生まれるし、
確実に目的地には近づいていく。

ex. 野球経験はないが想いのある少年野球コーチ

第3章

伝えるを分解する

通用しなくなった、愛のムチ

「相手の中に答えがある」は本当か？

とある経営者の方に、聴くについて教えてほしいと言われたことがある。そう思った背景を伺うと、このようにお話をしてくださった。

「コーチングの本を読んだり、キーワードを調べたりしてきた。メンバーとの関わり方については理解ができるが、どうにも読んでいて手が止まる箇所がある。それが『相手の中に答えはある』というところ。

話していると、どうしても自分の頭に正解が浮かんできてしまい、相手がせっかく話してくれているのに、自分の正解と方向性が違うと、正解に行き着くようについ誘導してしまう自分がいる」。

とても当たり前のことを言うが、ビジネスの現場では、教育や指導、叱責、評価など、伝えることは必須だ。子育てだって同じだろう。

しかし、コーチングや傾聴が大事という研修を受けると、そうしたことをしてはいけないのではないか、と思ってしまう人もいるようだ。

聴くも指導も叱責も、何かの目的（事業成長や課題解決、相手の成長・幸せなど）のための表現手段の1つでしかない。

時と場合によって、適切なものを選べばよいのであって、いつも聴けばよいわけではない。むしろ、聴くよりも伝えるを選択したほうがよい時はたくさんある。

一方で、伝え方を見直さなければいけないと感じている人も少なくないのではないだろうか。

価値観が多様になり、一方的な考えを押し付けられない時代。少し厳しい言葉を使えばハラスメントと言われ、時にはメンタルの問題につながっていく。

こういった時代に合った伝える技術を身につけていく必要性を私も感じている。本章では、良いところを褒めることや、アサーションなどの伝え方にも触れつつ、聴くを深く考えてきたからこその新しい切り口の「伝える」をお届けしたいと思う。

聴くが適した領域、伝えるが適した領域

なぜ、昔は厳しく叱っても問題とならなかったのか。

理由はさまざまあると思うが、聴くを考えてきたからこそ思うのは、「相手の話が聴けていればいるほど、厳しく伝えても問題が起きないのではないか。そして、かつては社会や会社の仕組み、制度が、聴くを担っていたのではないか」ということだ。

少し分かりづらいと思うので、順を追って説明していきたい。

まず、左のマトリクスを見てほしい。これは私が、Positive Intention Matrix（以下、ＰＩマトリクス）と名付けたものである。Positive Intentionとは肯定的意図のことだ。


まずは縦軸と横軸の説明からしていく。

横軸は、時間軸を表しており、左から右に時間が短くなっていく。そして、左のものが右のものに影響を与える。

例えば、「誰にも縛られることなく自由でいたい」という人生の価値観を持っていれば、いつでも会社を辞められる状態にしておきたいと思ったり、どこにいても仕事ができるスキルを身につけられるキャリアを選択するかもしれない。

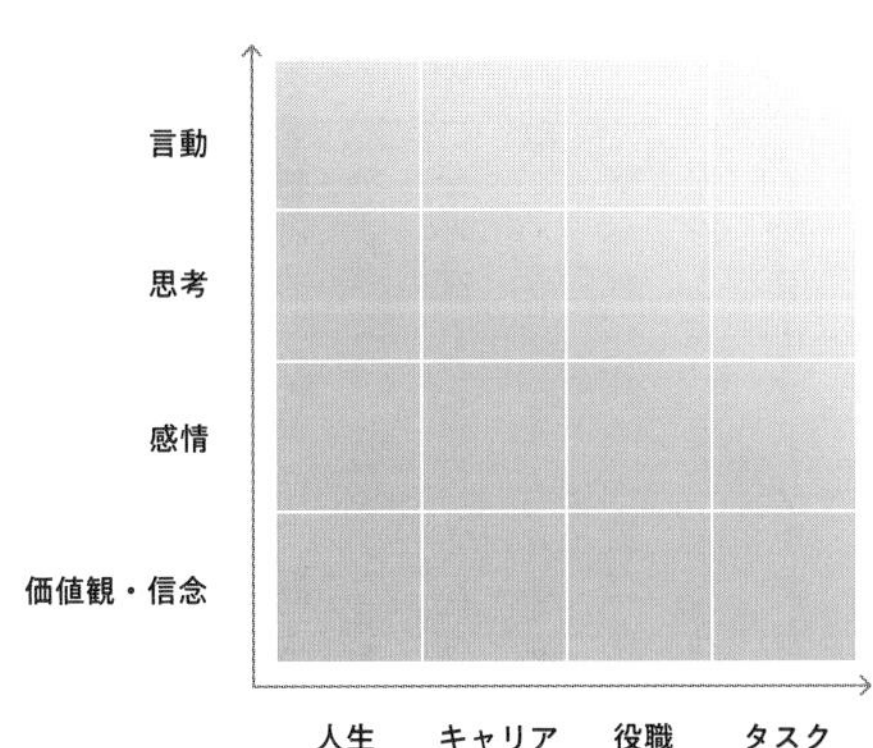

同じようにキャリアに対する価値観は、役職に影響を与える。結婚・出産後のキャリアを視野に入れると、20代後半までに小さくてもよいからチームを持って、マネジメントの経験をしておきたいと考えることもあるだろう。

さらに役職において大切にしたい気持ちや考えは、タスクに影響を与える。主任から課長になったのだから、自分のいるチームのことだけを考えるのではなく、部全体を意識した意思決定や行動をしていこうと考える、といった感じだ。

キャリアを「計画」、役職を「役割」、タスクを「日々のやること」に置き換えれば、家庭でも当てはまるはずだ。

一方の縦軸は、下のものが上のものに影響を与える。価値観・信念は感情に、感情は思考に、思考は言動に影響を与える。

ダイエットしたいから走る、資格試験に受かりたいから勉強をするといったことは、まさに思考によって生み出された行動だろう。

この思考は、感情や情動的な心の動きに影響を受けることが多い。

そして、その感情や思考に強く影響を与えているのが、価値観や信念である。

例えば、会社で新しい方針が発表されたとする。部長からメールで「新戦略」というPDF資料が動画付きで月曜の朝に送られてきた。

メール文・資料・動画という情報を、さまざまな人が自分の価値観と信念（思い込み）というフィルターを通して受け取る。人それぞれの感情が生まれてくる。ワクワクする人もいれば、イラッとする人もいる。

そこで生まれた感情や思考から、それぞれの言動が生み出される。


さて、このＰＩマトリクスを、聴くと伝えるが適した領域に分けてみる。

まず、価値観や感情は、基本的には評価や判断をするものではない。

その人が何を大切と思うのか、どんな気持ちであるのかは、ほとんどの場合withoutジャッジメントで関わったほうがよい領域だ。

「嬉しいな」と感じている時に「これを嬉しいと感じるなんて変ですね」とは言わないほ

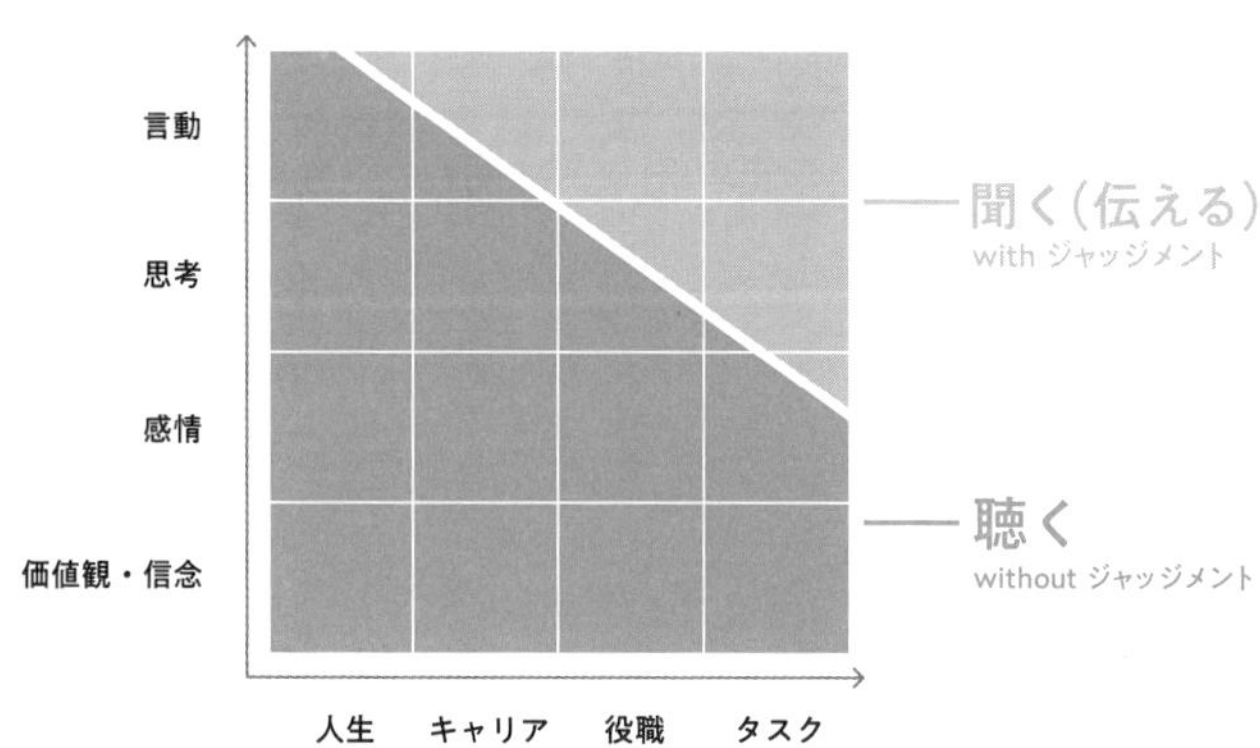

うがよいだろう。

多様性、ダイバーシティ&インクルージョンという視点で考えても、マトリクスの左下の領域は、withoutジャッジメントの姿勢で関わり合えたほうがよいと言えるだろう。

特に人生やキャリアといった長い時間軸になればなるほど、より一層評価するべきものではない。

一方、価値観や感情の多様性を尊重するからといって、どんな言動をしてもよいわけではない。特にタスクレベルの言動レイヤーに近づくほど、ジャッジしたほうがうまくいくことが増える。

これは肯定的意図の節で書いた「言動と意図を分けて扱う」としたことと同義

だ。

専門性や経験値が高い人であれば、持ちかけられた課題について、進め方が正しいのか間違っているのかが、すぐに分かるはずだ。仕事である以上、どれだけ素晴らしい想いを持ってやっていたとしても、言動が間違っていたら指摘し、アドバイスをしていきたい。

聴くと伝えるには、それぞれ適したテーマがあるのだ。

昔は、聴いてもらえる環境があった

一昔前、ビジネスの現場では厳しい言葉が飛び交っていた。

今、マネジメントの立場にある方の中にも、かつて上司から厳しく指導された経験を持つ方は決して少なくないだろう。

「全然ダメだね。すぐに1からやり直して。明日の朝までね」

「ホント分かってねーな。何度説明したら分かるんだよ」

「お前の気持ちなんてどうでもいいから、とりあえず最後までやり切って」

私は今40代だが、これらの言葉は20代前半の頃に実際に言われた言葉だ。

しかし、今やこうした言葉は冗談でも言うことが許されない状況にある。

なぜ、厳しい指摘をすることがこれほどまでに難しくなってしまったのだろう。

厳しい指摘が通用していた時代には、どんな背景があったのか。

結論から言うと、**その言葉に従おうと思えるくらい聴かれていた**と私は考えている。

その「聴かれていた」を分解すると、ソフト面とハード面がある。まずはソフト面から考えてみる。

例えば、上司から厳しいことを言われた日の夕方、その上司から「飲みに行くぞ」と誘われることがあった。一緒に飲みながら「今日は厳しく言ったけど、こういう思いがあってね」などと、言葉の背景を補われる。そしてさらに話をする中で、上司が「これから、どんな仕事をしていきたいの？」と聴いてくれる……。

このように、上司でなくとも、ランチや喫煙所など、職場の身近な人が自分の考えや気持ちを聴いてくれる場が、かつてはたくさんあった。

ＰＩマトリクスの左下（人生・キャリアの価値観・感情）が聴かれていればいるほど、右上（タスク）に対する言葉が厳しくても受け取れることが多い。

それどころか、むしろ自分のためを思って言ってくれたと感謝することすらある。「自分のことをより長く、深い視点で理解してくれているこの人であれば、きっと自分のために言ってくれているのだろう」と捉えられるようになるのだ。いわゆる愛のムチだと受け取れる。

こうお伝えすると、「ということは、要は上司である私が聴けていないから、いけないのですね」となりそうだ。まさにそれが、会社が1on1を積極的に取り入れる理由だろう。

しかし、私はソフト面よりもハード面の影響のほうが圧倒的に大きいと考えている。社会や会社によってまかなわれていた、左下の領域に対する聴くが機能しなくなったこと。これこそが、上司が部下に率直に言葉を伝えることができなくなった最も大きな要因だと私は考えている。

これまで、キャリアや人生は、経済成長を前提とした終身雇用・年功序列という制度と、それによる社会通念によって支えられてきた。

大企業の正社員になれば将来は安泰。「この会社に長く勤めさえすれば、昇進し、昇給し、自分の望む人生が生きられる」ということが約束されていた。

経済成長という下支えと、それを前提にした会社の制度や仕組み、そしてそこから生み出される社会通念によって、ＰＩマトリクスの左下（人生・キャリアの価値観・感情）が満たされていたのだ。

つまり、社会や会社によって聴かれていた、と言い換えてよいだろう。

だから、時に上司から嫌味を言われたり、納得がいかないことを強いられても、突然の異動で地方転勤になっても、歯を食いしばって頑張るということは成立した。会社や上司に従っていれば、人生やキャリアは約束されていたからだ。

しかし、経済成長は止まり、終身雇用や年功序列は維持できなくなった。併せて、働く個人の価値観も驚くほどのスピードで多様化している。

このような状況の中で、会社で厳しい言葉を投げかけられたらどうなるかは明らかだ。

これが、上司が部下のＰＩマトリクスの左下を聴くことを「意図的に」増やす必要が生まれ、「聴くことが大事」と言われるようになった大きな理由の１つなのだ。

本書を手に取ってくださった方であれば、一度は「どうやって伝えたら伝わるかな」と伝え方で頭を悩ませた人も多いだろう。聴くも伝えるも、目的に対しての表現手段の１つでしかない。

目的は事業推進であり、課題解決であり、組織の活性化だ。または、相手の成長や幸せが目的の場合もあるだろう。

そのようなあなたの素敵な想いが、こうした時代においてもきちんと届くように。

ここからは、そのための「伝える」のヒントを紹介していきたい。

フィードバックマトリクス

貢献度×発生頻度で考える

次ページの図を見ていただきたい。

一般的に、組織（共同体・関係）への貢献度が高い仕事・振る舞いについては、ポジティブフィードバックが使われるケースが多い。左の図の上部だ。

事業成長に対して「仕事」を通して成果という形で貢献をすることもあるし、組織文化に対して「振る舞い」という形で貢献することもある。

なおこの章では、シンプルな表現にするために、振る舞いも含んで「仕事」と表現する。

一方で、組織への貢献度が低くなるにつれて、ギャップフィードバックを選択するケースが多くなる。何か成長が必要、もしくは改善すべきところがある、あるいは個性に合っ

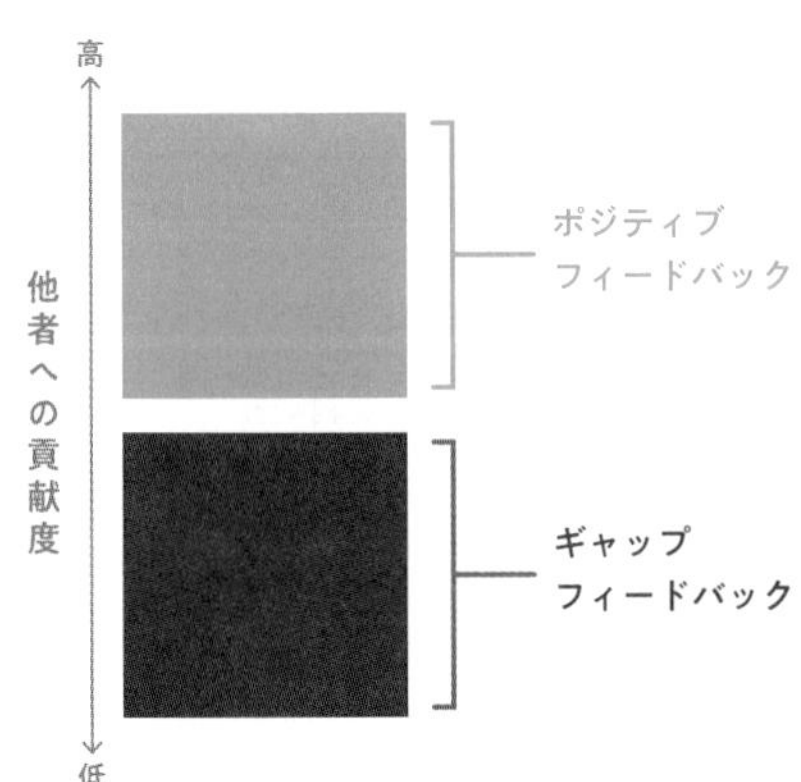

ていないというケースもあるだろう。

不足や改善ポイントについて指摘し、貢献度を高めることを促す。もしその人に向いていない仕事だとしたら、ある時点で見極めて、他の人にその仕事を渡すという選択をするかもしれない。

ここに「事象の発生頻度」という横軸を加えて、4象限に分けて考えてみたい。

この4象限の図を、Feedback Matrix（以下、FBマトリクス）と名付けた。

フィードバックを考える時に、発生頻度というのは非常に大切な軸だ。

それは、人間は、指摘をされ、そのことを意識すると、その事象の発生頻度が高まるという習性を持っているからだ。

Feedback Matrix
（FBマトリクス）

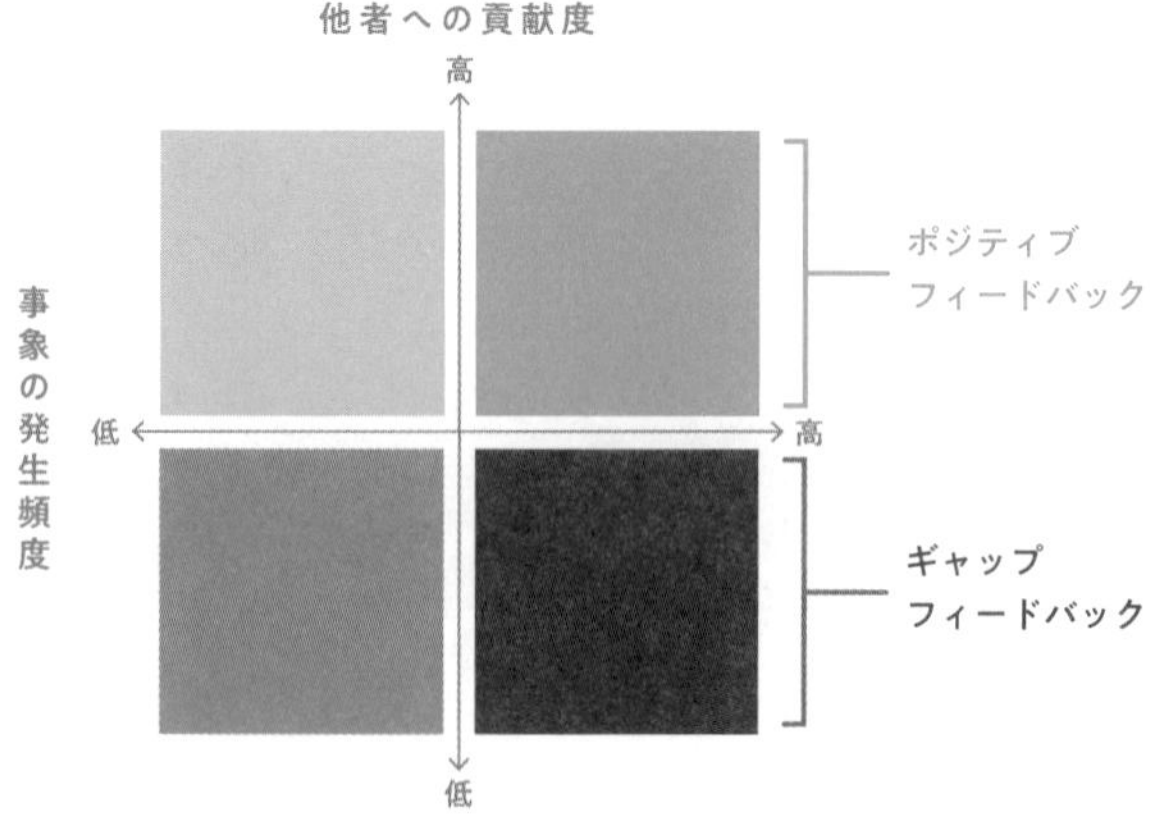

一般的なフィードバックの考え方に、
事象の発生頻度を入れる

この習性を考慮に入れずにフィードバックを考えるのは、理に適っていないと私は考えている。

例を挙げてみる。

駅のホームで「駆け込み乗車はおやめください」という放送が流れ、つい駆け込んだ経験がある方はいないだろうか。

また、もし友人の家に行った際に、「今から1時間出かけてくるんだけど、冷蔵庫だけは絶対に開けないでね。何があっても絶対にだよ」と強く言われたらどうだろうか。

言われなければ気にもしなかったし、勝手に冷蔵庫を開けるなんてことは考えもしなかった。しかし、そこまで強く言われると気になる。大人であれば開けないかもしれないが、もし子どもだったら出かけている間にこっそり開けるかもしれない。

人間は、「脳内にイメージしたものを実現しようとする」生き物だ。「肯定語と否定語を区別できない」という言い方をされることもある。

「駆け込み乗車はおやめください」と、言葉としては否定語が使われているが、脳内には駆け込み乗車をしているイメージが浮かんでしまう。すると、身体はそれを実現させたくなってしまうのだ。

ということは、ポジティブフィードバックであれ、ギャップフィードバックであれ、基本的には指摘をすればするほど、そのことに意識が向くことで、その事象の発生頻度が上がっていく。これがコミュニケーションの基本原則だ。

とても大切なところなので、もう1つ例をあげる。

私は高校生の頃からテニスをしているが、40歳にして初めてテニススクールに通い始めた。スクールにはいろいろなコーチがいるが、どのコーチも大抵、レッスン中にたくさんの声掛けをしてくれる。

この声掛けを、FBマトリクスに当てはめて考えてみる。

「おー、今のは良いショットでしたね！」

「今の打ち方、良かったですよ！」

と、良いところを見つけて声を掛けてくれるコーチがいる一方で、

「あー、今のは身体が倒れすぎです」

「そこは肘を下げたらダメですね」

など、悪いところを中心に声を掛けてくれるコーチもいる。

前者のコーチは、「普段はできていないけれど、うまくできた時」があると、それを反復できるようにボールを出してくれる。

後者のコーチは、「普段はできていることでも、まれに失敗をする時」があると、いつもはできているのにと思って、そこが修正できるまでボールを出してくれる。

これをFBマトリクスに当てはめてみる。

前者はマトリクス上部に注目し、後者はマトリクス下部に注目をするコーチだと言えるだろう。

これはどちらが良くてどちらが悪いというわけではない。しかし、向き不向きはある。スクールに通う生徒が、楽しむことが中心で気持ちよくテニスができればよいなという生徒であれば、前者が合うだろう。

一方で、上達に対してストイックで、自分の悪いところは全て直していきたいという生

徒なら後者が合うだろう。

また、テニスの成長速度はどうだろうか。

前者のコーチも、後者のコーチも、生徒がうまくなるために声掛けやアドバイスをしてくれているが、私は、例外を除いて多くの場合で、前者のコーチのほうが成長が速くなると考えている。

それは、指摘をされ意識をすればするほど、その事象の発生頻度が上がるという習性を人間が持っているからだ。

もちろん、後者のコーチの関わり方のほうが、成長が速くなるケースもある。

それは、生徒側に上達への強い動機があり、コーチとの信頼関係が十分にあるという条件が整った時だ。この場合、人間の習性よりも、意志や理性が勝ることがある。

これをビジネスで考えてみよう。

このFBマトリクスを用いると、自分が普段どんなフィードバックをしているのかに自覚的になれる。ぜひ1度、振り返ってみていただきたい。

各象限へのフィードバックのポイント

ＦＢマトリクスに慣れるために、自分がやっている仕事、部下やチームメンバーの仕事が、どこに当てはまるのかを少し想像してみていただきたい。

まずは、ゾーン1の「貢献度も発生頻度も高い仕事」を思い出してほしい。

まず自分の仕事を洗い出す。それができたら、部下やチームメンバーの仕事で、ゾーン1に当てはまるものを2つ、3つ考えてみてほしい。

また、ゾーン2の「貢献度は低いが、発生頻度は高い仕事」はどうだろう。

もっとここ頑張らないと、成長しないと、と思っている仕事や、ついついやってしまうけれど、あまり周囲には喜ばれていない仕事はないだろうか。

例えば、オンラインの打ち合わせによく遅刻してしまう、仕事に集中しすぎて部下の話を作業しながら聞いてしまうなどだ。

ゾーン3の「貢献度は高いが、発生頻度は低い仕事」はどうだろうか。

ゾーン1・2に比べると、ゾーン3の仕事を見つけるのは難しいかもしれないが、自分の仕事はもちろん、同僚や部下の仕事についても考えてみてほしい。ぜひ少し本を脇に置いて、「本人は気づいていないけど、あの人のあの仕事、すごく素敵だな」と感じる仕事

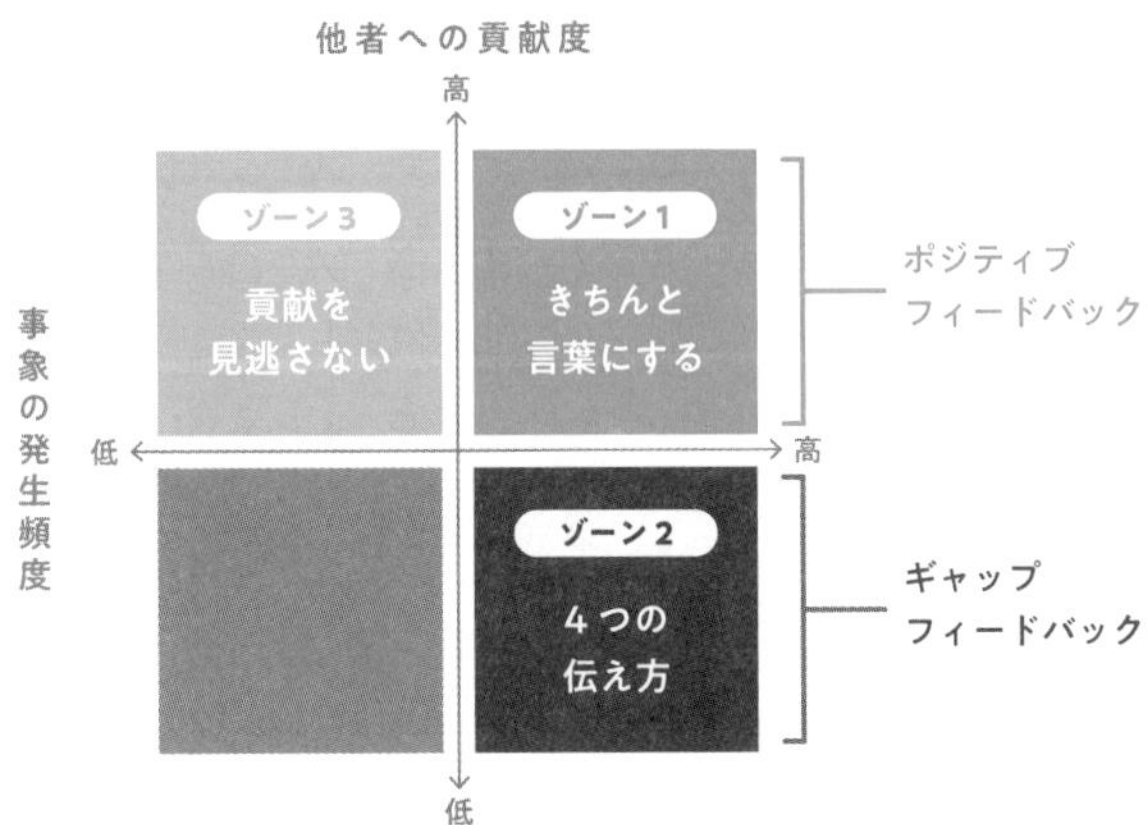

を思い出していただきたい。

ゾーン1・2に対するフィードバックの考え方・やり方は多くの本で書かれている。

しかし、ゾーン3へのフィードバックについては、その重要性・効果の高さの割に、ほとんど扱われていない。

このエリアへのフィードバックの仕方が、本章でみなさんに最もお届けしたいヒントである。

それぞれのゾーンに対してどのようなフィードバックが有効なのか見ていきたい。

ゾーン1はきちんと言葉にして伝えることが大切だ。

仕事の成果を褒めることはもちろん、

相手の強みや良い点について、「ありがとう」と感謝をしたり、「助かったよ」と貢献を伝えることもポジティブフィードバックだ。

ここでのポイントは、本人も周囲も言わなくても分かっていたとしても、きちんと言葉にして伝えることだ。

ゾーン2は、伝え方が4つある。

伝える内容として、不足を伝えるのか、理想を伝えるのか。そして、伝え方として、厳しく伝えるのか、優しく伝えるのか。この2×2の4つの伝え方だ。

どれだけ正しいことを伝えても、相手が受け取れて、考えや行動が変わらなければ意味がない。厳しく言ってよい時とそうでない時の条件を知り、4つの伝え方を使い分けられるとよいだろう。

そして、ゾーン3において大切なことは、何よりも「**貢献の瞬間を見逃さないこと**」である。せっかく貢献度の高い仕事をしても、発生頻度が低いが故に見つけてもらいづらい上、「偶然だろう」と流されてしまうことも多い。

しかし、ゾーン3の仕事にポジティブフィードバックができると、驚くほど効果がある。

ここからは、それぞれのゾーンに対するフィードバックについて説明していく。特にゾーン3へのフィードバックが、あなたの表現手段の1つに加わることを私は願っている。

ゾーン１：きちんと言葉にして伝える

きちんと言葉にすると、貢献度と発生頻度がさらに高まる

ゾーン１の仕事へのフィードバックにおいて大切なのは、きちんと言葉にすることだ。直接口頭でも、メールでも、評価のタイミングでもよい。とにかく言葉にして、文字にして、伝えることが大切だ。

私が代表を担っているエールでは、毎週金曜日に社内報が出る。手前味噌だが、この社内報はクオリティが高く、私も毎週とても楽しみにしている。

こういった仕事は、やっている本人にとっても「会社に貢献している」という実感は高いだろう。周囲も含めて、この仕事が会社に貢献しているという共通認識がある。

このように、ゾーン１の仕事は自他ともに貢献意識があり、本人も主体的に取り組むため、評価や称賛、感謝の言葉がなくとも、高いパフォーマンスが維持されることが多い。

2つのポジティブフィードバック

	褒める	感謝・貢献を伝える
	えらい よく頑張った よくやった すごい	ありがとう 助かる 嬉しい 安心する

	褒める	感謝・貢献を伝える
メリット	承認力が強い	フラットな関係を維持 部下から上司にも使える
デメリット	依存が生まれやすい 顔色を見て仕事をするようになる	承認力が弱い
関係	上下関係になりやすい	横の関係になりやすい

しかし、仮にそうであったとしても、ポジティブフィードバックをしてもらえるのは誰しも嬉しいものだ。

ポジティブフィードバックには、大きく分けて2つの表現方法がある。「褒める」と「感謝・貢献を伝える」というものだ。

褒めるとは「よくやった」「すごいね」などの言葉で、感謝・貢献を伝えるとは、「ありがとう」「助かったよ」などの言葉になる。

褒めるというのは、評価が伴いやすい行為だ。

親が子どもに「えらいね」と言うのは、「何かができたことを評価します」ということを言葉で表現している。これは承認としての効果が非常に高い。

一方で、デメリットもある。上下関係が前提になるために、その関係に依存が生まれやすくなる。「上司に褒められたいから頑張る」「親に褒められたいからテストで良い点を目指す」ということになりやすい。

昔に比べ、上司部下や親子においてもフラットな関係が求められることが多くなった現在、ポジティブフィードバックの表現手段を「褒める」しか持っていないと、適切な言葉かけを選択できない場面が増えているのかもしれない。

そこで出てくるもう1つのポジティブフィードバックが「感謝・貢献を伝える」だ。

これは評価ではない。相手の言動に対して、「私はありがたいと思った」「私は助かった」「私は嬉しかった」といった感謝の気持ちや貢献を、自分主語で伝える行為だ。

また、第三者の感謝・貢献を伝える方法もある。

「A部長が『ありがとう』と言っていたよ」「Bさんが『助かった』と言っていました」というような伝え方だ。自分への貢献を伝えるよりも、効果的に働くこともある。

感謝や貢献を伝えることの最も大きなメリットは、対等な関係のままフィードバックできることだ。そのため、部下から上司に対してもフィードバックが可能だ。

一方のデメリットは、褒めるに比べて承認が弱くなることだ。

最高の仕事をした部下に「助かったよ」と伝えるよりも、「よくやったね！」と褒めたほうが、一般的には承認として効果は強くなる。

それぞれにメリット、デメリットはあるが、ゾーン1の仕事に対しては、何よりもまず言葉にして伝えることが大切だ。

そして、褒めるに加えて、感謝・貢献を伝えるという表現手段を持っていると、ポジティブフィードバックの幅が広がり、その仕事の貢献度や発生頻度はさらに高まっていくだろう。

ゾーン2：4つの伝え方を使いこなす

4つの伝え方とは

ゾーン2の仕事へのフィードバックは、教える・叱るという表現手段が取られることが多い。

高い頻度で、貢献度が低い仕事があったら、指摘しないわけにはいかない。どうにかして頻度を下げるか、貢献度を上げるかしたいと思うのは、上司として当然の気持ちだ。

特に仕事ができる人ほど、課題の原因を見つけるのがスピーディーで的確だ。もっとよくしたいという思いから「ここがダメ」「あそこが悪い」「ここを直せ」と、課題の原因をすぐに見つけて指摘する。

ゾーン2へのフィードバックは、「不足を伝えるのか／理想を伝えるのか」「厳しく伝えるのか／優しく伝えるのか」という2×2の4つの伝え方に整理できる。

2×2の4つのギャップフィードバック

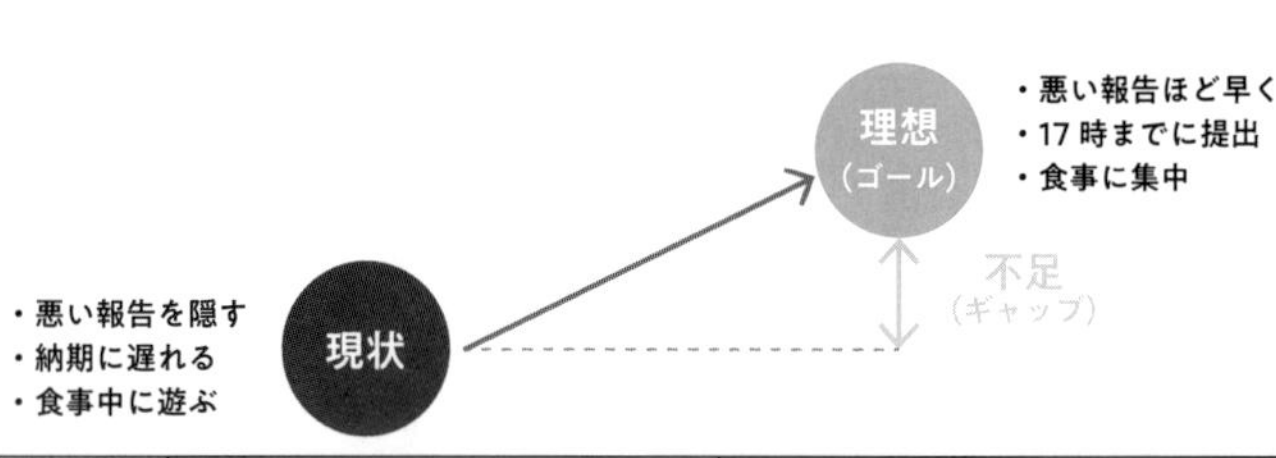

	不足（ギャップ）を伝える	理想（ゴール）を伝える
厳しく伝える	①「悪い報告を隠すな」 「納期に遅れるな」 「食事中に遊ぶな」	②「悪い報告ほど早くしなさい」 「17時までに提出しなさい」 「食事に集中しなさい」
優しく伝える	③「悪い報告は隠さないようにしましょうね」 「納期には遅れないように気をつけましょう」 「食事中には遊ばないようにしようね」	④「悪い報告ほど早くもらえると嬉しいです」 「17時までに提出してもらえるとありがたいです」 「食事に集中してくれると、楽しく食べられるな」

例えば、悪い報告を隠しがちな部下がいたとする。

上司としては、悪い報告ほど早くしてほしい。本人を責めたいわけではなく、会社として然るべき対応をして、できるだけ早く手を打ちたいからだ。

このような場面で、あなただったら部下にどんな言葉をかけるだろうか。

①悪い報告を隠すな
②悪い報告ほど早くしなさい
③悪い報告は隠さないようにしましょうね
④悪い報告ほど早くしてもらえると嬉しいです

もちろん相手によって違うだろうし、どの言い方が良い、悪いという話ではない。どの伝え方にも一長一短がある。

「不足を伝える」と「理想を伝える」の違い

まず「不足」を伝えると「理想」を伝えるの違い、メリット・デメリットをお伝えする。

①や③のように、不足を伝えることのメリットは、ずばり分かりやすいことである。「〇〇してはダメ」「〇〇しないで」という言い方になる。

「ここが悪いから直して」ということなので、どこが悪いのか、何を直したらよいのかが受け手にシンプルに伝わる。

一方でデメリットもある。本章の冒頭に書いたように、「脳内にイメージしたものを実現しようとする」という習性が働いてしまうのだ。

つまり、不足を指摘すればするほど、その発生頻度は高まりやすくなる。

理想を伝えることのメリットは、その逆になる。

ある小学校の先生は、次のように声掛けを変えてみたという。

そのクラスでは、お昼休み後の5時間目に必ず1人は遅刻するので「みんな、5時間目に遅刻しないようにね」と、不足を優しく伝えていたそうだ。③の伝え方だ。何度伝えても必ず誰かが遅刻をしていた。

そこで、これを④の伝え方に変えてみた。「みんな、5時間目の1分前には席に座っていてね」という理想を優しく伝える伝え方に変えてみたところ、何が起きたか。驚くことに、遅刻をする人が徐々に減り、気づけば全員時間通りに帰ってくるようになったという。つまり、脳内にイメージしたことが実現されたのだ。

とはいえ、理想を伝えることのデメリットもある。それは、分かりづらいということだ。仕事でどうしても直してもらわないといけないことがあった場合、1回で伝わり、確実に直してもらわないと困る。

時と場合によって、不足を伝えると理想を伝えるを使い分けることが必要なのだ。

「厳しく伝える」が機能する2つの条件

次は伝え方としての「優しく」伝えると「厳しく」伝えるの違いを見てみよう。

優しく伝えるについては、アサーションをはじめ、さまざまな方法が多くの媒体で紹介されているので、本書では厳しく伝えるについて考えていきたいと思う。

厳しく伝えるとは、いわゆる叱咤激励と言われるような伝え方だ。現代社会においては、非常に気をつかう伝え方だ。

しかし、「若い頃に上司に厳しく指導してもらったことで今の自分がある」というような言葉はよく聞く。私自身も、厳しく指導された経験が今の自分の糧になっているという実感は強い。上司にも、お客さんにも、愛のある厳しい指導をたくさんいただいた。

ハラスメントやメンタルヘルスの問題を引き起こしたくはないが、こうした叱咤激励のメリットは残したい。

厳しく伝える上でカギとなるのが「動機×信頼」の2つの条件だ。

厳しく言いづらくなった昨今でもこの2つの条件を同時に満たすことができれば、叱咤激励は未だに機能すると私は考えている。

条件の1つ目は、動機だ。

強い動機があれば、厳しい指摘であっても受け取れる。

例えば、「絶対に甲子園に出て優勝するぞ！」という目標を共有している野球部では、厳しい指導がされても、部員たちはストイックに練習を重ねる。

逆に「なんとなく楽しいから野球をやっています」という草野球チームで「強くなりたいんだったら、ちゃんと筋トレしろ！」と言ったらどうなるだろう。おそらく多くの人がチームを去っていくだろう。

外発的にせよ内発的にせよ、強い動機があれば、厳しい指摘・指導を受け取れるのだ。

そして、2つ目の条件は信頼だ。

強固な信頼があれば、厳しい指摘であっても受け取れる。

これには、人間関係としての信頼と、知識・経験に対する信頼の2つがある。

前者は、先にも説明した通り、PIマトリクスの左下を十分に聴けているかが1つのポイントだ。厳しい言葉に対しても「この人が言うなら」と思ってもらえる人間関係を構築するには、人生やキャリアについて聴けていることが大切だ。

後者は、指摘を受ける側が相手の知識・経験を求めている場合を想像していただきたい。プロ野球選手を目指していれば、メジャーリーガーからアドバイスをもらえたら嬉しいはずだ。上から目線で高圧的な言い方であったとしても、ありがたく受け取るだろう。


昔の上司部下においては、前者も後者も成り立ちやすかった。前者は社会構造がまかなってくれていた。後者は、知識や経験の価値が高かった。

しかし昨今では、上司のほうが知識・経験が上ということがなくなってきている。知識はGoogleで調べたほうがよい答えが返ってくるし、会社でうまく立ち回るための経験も、今の部下世代にとっては価値が下がっているだろう。

その上、人間関係としての信頼も弱くなりがちだ。そのような状況では、厳しく伝えるが機能しないのも頷ける。

京セラの創業者である稲盛和夫さんは、著書『経営のこころ』で次のように書かれている。

「部下が間違いを犯したら、即座にその場で厳しく叱り、反省してもらう。かねてから上司と部下との素晴らしい人間関係ができており、お互いを信頼し、理解できてさえいれば、人格を否定されたような捉え方をして、落ち込むようなことなどないはずだ」。

「厳しく伝える」が使えないと課題解決が難しいシーンがあるということも、マネジメントの立場にいる方にとっては切実な現実なのではないだろうか。

部下のためを思うからこその愛のムチは、条件さえ整えば、今でも使いたいアプローチだと私は考えている。

厳しく伝えようと思った時にも、まず、ちゃんと聴くが大切になるのだ。

厳しく伝えても、優しく伝えても、ダメな時がある

ここまでゾーン2に対する4つの伝え方について書いてきたが、こうした工夫は多くの方がすでに試してみたことがあるのではないだろうか。

不足を伝えたり、理想を伝えたり、厳しく伝えたり、優しく伝えたり。手を替え、品を

替え試してみたにも関わらず、うまくいかない。だからこそ、多くの人が困っているのだ。

苦肉の策で、直してほしいところとは関係のない、他の良い部分を褒めてみた人もいるかもしれない。つまりゾーン1の仕事を褒めたり、感謝を伝えることでモチベーションが上がり、ゾーン2の仕事が直らないかと考える。

しかし、直らないばかりか、むしろ図に乗られることさえある。

ゾーン2に対して、「伝え方」をさまざまに工夫しても直らない。

こうした時に有効なのが、**「注目する切り口」を工夫する**というアプローチである。

ゾーン3：「貢献の瞬間」を見逃さない

ゾーン2の例外を探す

注目する切り口を工夫するとはどういうことか。

それは、ゾーン2ではなく、ゾーン3に注目してポジティブフィードバックするということだ。

これは、頻度は低いが、貢献度が高い仕事に対してポジティブフィードバックすることで、その発生頻度を高めてしまおうというアプローチだ。ゾーン2へのギャップフィードバックが主に人間の意志や理性を利用したアプローチだとするならば、このゾーン3へのポジティブフィードバックは、人間の習性を利用したアプローチだ。

例えば、あなたが自分自身のことを優しい人間ではないと思っていたとする。しかし、会う人会う人、みんながあなたの優しいところに注目して「あなたって本当に優しいですね」と言ってきたとする。

1日2、3人から1か月言われ続けたらどうだろう。徐々に自分は優しい人間なのかもしれないと認知が変わっていく。そして、自然と優しい言動が増えていってしまう。それが人間というものなのだ。

本当にそんなことが起きるのかという疑問が頭の片隅にあると思うが、これは実践することで徐々に分かっていくので、今はそのまま読み進めていただきたい。


ゾーン3の仕事は見つけづらい。

その理由は2つある。1つ目は、単純に頻度が低いからである。たまにしか起きないため、実際にその仕事に触れる機会が少なく、目につきづらい。

もう1つの理由は、課題の原因を素早く、的確に見つけ、指摘することが相手の成長につながると思い込んでいるからである。

つまり、ゾーン2の仕事を探して指摘することが最も効率的なアプローチだと思っているためだ。


では、ゾーン3の仕事は、どうやったら見つかるのか。

ゾーン2を見つけることに意識のリソースを使い、ゾーン3に意識が向きにくいのだ。

多くの場合、ゾーン3の仕事は、ゾーン2の裏側にある。ゾーン2の例外を探すと言うと分かりやすいかもしれない。

例えば「この人は遅刻が多いな」と思ったら、時間通りに来ているところに注目する。「自分はいつも三日坊主なんだよな」と思ったら、その例外である、4日続いたことに注目する。

このように、ゾーン2に対する伝え方に苦心するのではなく、例外的にうまくいっているゾーン3の仕事を探して、そこに対して言葉かけをする。つまり**「伝え方」を工夫するのではなく、「注目する切り口」を工夫する**のだ。

ゾーン3へのフィードバックは、ゾーン1と同じである。褒めるでも、感謝・貢献を伝えるでもよい。ゾーン3に対してポジティブフィードバックをすればするほど、自然とその仕事の発生頻度は増え、結果的にゾーン2の発生頻度が下がっていく。

本当にそんなことが起きるのだろうか。

我が家は毎晩、妻が夕飯をつくってくれ、洗い物も全て妻がしてくれる。今時の夫婦としては、世の女性からお叱りの言葉をいただきそうだ。

以前の私は、月に1回くらいしかお皿を洗わなかった。妻からすればゾーン2の仕事である。お皿を洗わない私に対して、「ご飯が終わったら、いつもスマホばっかり見て……」と言ってもよかったはずだ。しかし妻は、スマホを見てお皿を洗わない私ではなく、月に1回だけお皿を洗う私、つまりゾーン3に注目して声を掛けてくれた。

「いつも手伝ってくれてありがとう。洗ってくれるとすごく助かる」。

こう言われたらどうだろう。自然と洗いたくなるのが人間というものだ。

かと言って、私が毎日洗い物をしているわけではない。しかし、自分ができそうな時には洗い物をするようになった。今では、家でご飯を食べる時の5回に1回くらいは、お皿を洗うようになった（ように思うが、少しよく言い過ぎかもしれない）。


この「注目する切り口」を変えるということは、あなたの職場や家庭でのコミュニケーションのヒントにならないだろうか。

仕事ができる人ほど、課題の原因を見つけるのが迅速で的確だ。そういう人ならば、悪いところの例外を探すことも容易なはずだ。今はただ、原因を見つけることに慣れてしまっているだけだ。


ゾーン3へのポジティブフィードバックは、あなたのコミュニケーションを劇的に変えるスキルと言っても過言ではない。それくらい、これからの時代において非常に使い勝手のよいフィードバックだと私は考えている。

相手が望ましい仕事をした時を見逃すことなく、それを言葉にして伝えていこう。

しかし、その言葉に打算や嘘があってはいけない。あなたの本心から出た言葉であれば、想像以上にすぐに効果を感じられるだろう。

10回に1回を見つけ、感謝・貢献を伝える

ゾーン3の仕事は、それを見つけることも、ポジティブにフィードバックすることも、根気がいる。

我が家の話をもう1つ例に出してみる。

娘が5歳くらいの頃、食事中に椅子を離れ、歩き回る時期があった。親としては、ご飯中は椅子に座ってご飯を食べてほしいので、「ご飯中に席を立たないの」と注意したくなる。実際にそうしてしまうこともあった。

こうした時に、ゾーン3の振る舞いを探す方向に意識を向けてみる。すると、当たり前だが、静かに座ってご飯を食べている時もある。いや、意識をしてみると、むしろその時間のほうが長いのだ。そこですかさず「座って食べてくれると、落ち着いて食べられて、お父さんは嬉しいな」という声掛けをしていくと、座って食べる頻度が高まっていくのだ。

つい「ご飯中に肘をつかない」「テレビを見ない」と、ゾーン2に意識が向いてしまう。しかし、その時にグッと堪えて、その例外であるゾーン3に意識を向けてみてほしい。当たり前だと思って注目していないだけで、実は望ましい行動をしている時間のほうが長かったということは、往々にしてあることだ。

このゾーン3へのポジティブフィードバックは、部下から上司にも使える。

1on1セミナーで「上司が1on1の時間を取ってはくれますが、こちらの話を聴いてくれません。結局、上司が一方的に話して終わりになることが多いです。こういった場合はどうしたらよいでしょう」という質問をいただくことがある。こういった際にも、ゾーン3に対するポジティブフィードバックが使える。

普段は伝えるばかりで、話を聴いてくれない上司が5回に1回でも、10回に1回でも、話を聴いてくれたとする。この時にすかさず「今日は私の話を聴いてくれて、本当に助かりました」「聴いてくださったおかげで、自分の中で考えが整理できて嬉しかったです。すごくスッキリしました」と感謝・貢献を伝えるのだ。

また、第三者の感謝・貢献を伝えるのも非常に効果的だ。

普段、声を荒げることの多い上司が、部下に対して優しく接していたところを見たとする。それに対して「『あの時優しく教えてもらえたおかげでよく分かった』って、彼が喜んでいましたよ」と伝えてみる。

部下のことを考えている上司であれば、部下が喜ぶことが分かれば、またやろうと思うものだ。すると、自ずとその発生頻度が高まっていくのである。

私がコミュニケーションを学んだ人の1人である平本あきおさんはこう言う。

「仕事は、原因があるから結果があるという原因論で物事を進める人が多い。うまくいかない原因を見つけてアプローチする。心理学ではフロイトの原因論です。でも、原因ばかりを扱っていても、うまくいかない場合も多い。ビジネスでも、バックキャスティングが未来から逆算する手法として有名ですが、客観的な事実を検証することで答えを見つけようとするより、何が目的か、どうなりたいかに向けて解決方法を探すアプローチが有効です。理学よりも工学に近く、心理学ではアドラーの目的論です」。

コミュニケーションは科学だ。原理原則に従えば、効果は自ずと出る。

FBマトリクスを応用する

ここまで、FBマトリクスを4象限に分けて説明してきた。

ここまででも十分ではあるが、応用編として、縦軸をさらに細かく分解した図を提示しておきたい。

組織への貢献度を、最高、高、普通、低の4つに分解してみる。組織の中でもトップパフォーマンスの仕事をA、ハイパフォーマンスの仕事をB、貢献度が平均並みの標準パフォーマンスの仕事をC、ローパフォーマンスの仕事をDとしよう。

自分の仕事と、部下の仕事で、ABCDそれぞれに当てはまる仕事を思い出しながら、次の説明を読んでみてほしい。

例えば、営業の提案プレゼンでいつも高い貢献（B2：ハイパフォーマンスBの中のゾーン2の仕事）をしている人は、時折、非常に高い貢献（B3：ハイパフォーマンスBの中のゾーン3の仕事）をする時がある。このような人の提案プレゼンという仕事は、Bのような分布をする。

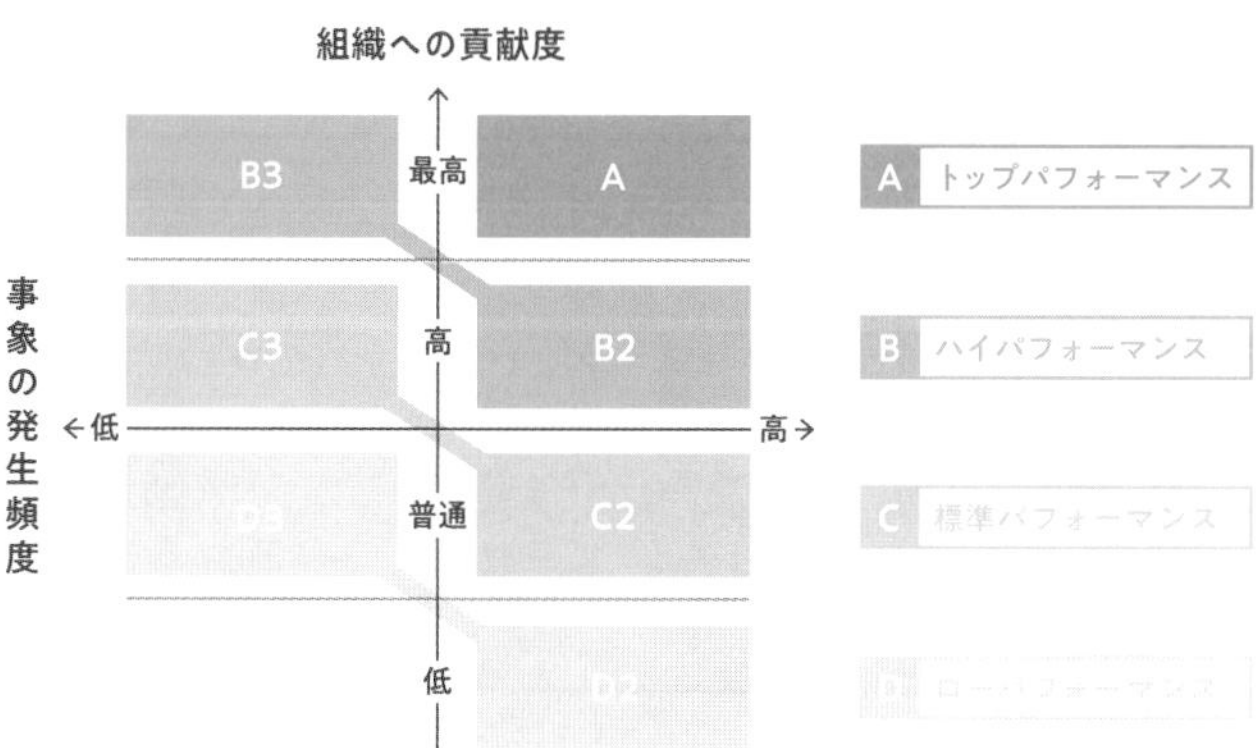

　また、あるマーケティング部門のメンバーが、広告運用においていつもチーム内で平均的な貢献（C２）をしているとする。そのメンバーは、時折高い貢献（C３）をすることがある。この方の広告運用の仕事は、Cのような分布をするだろう。

　Dのような分布は、いつもは低い貢献度（D２）だけど、たまに平均並の貢献（D３）をするということになる。

　ゾーン３に注目するというのは、B・C・Dそれぞれの仕事に対して、「いつもよりも貢献度が高い仕事に注目する」ということだ。

　つまり、D３のように平均並の貢献度の仕事であっても、いつもが低い貢献度（D２）であるのであれば、D３に注目をして、感謝・貢献を伝える。他人と比較して貢献度が高いかどうかではなく、いつもより高い貢献度の仕事をしたかどうかに注目するということなのだ。社長賞や部門表彰の対象となりやすいのはB3の仕事だ。Bのような仕事をするメンバーは、時折見せた素晴らしい貢献度の仕事を称えられるため、B3の仕事の発生頻度が高まっていき、Bだった仕事が、Aに向かっていく。

ここで特に注目したいのは、CDの仕事だ。

C3の仕事は注目をされづらい。普段は並のパフォーマンスの仕事をする人が、まれに高いパフォーマンスをしても、「偶然だよね」「今回はできたけど、次回できるか分からないし」と、ポジティブフィードバックされることなく流されてしまうことが多い。

D3の仕事はさらに注目をされづらい。いつもはD2の仕事なので、D3の仕事をした時には注目をしたいが、ここにスポットライトがあたることはほぼない。

D3は貢献度が平均並であるため、「まぁ、それぐらいやって当たり前だよね」「やっと当たり前のことができるようになったか」と捉えられがちだ。

このC3・D3の仕事が注目されるかは、会社の文化やチームリーダーによって異なるだろう。

「偶然だよね」「やって当たり前」と捉えられ注目されない職場もあれば、C3・D3の仕事にしっかりと注目が集まり、称賛されたり、感謝・貢献を伝える職場もあるだろう。もちろん後者の場合は、Dの仕事がCに、Cの仕事がBに向かっていくのは言うまでもない。

C3・D3の仕事に注目が集まり、称賛、感謝、貢献の言葉が飛び交う組織になれば、確実にその組織はよい仕事の循環が生まれていく。

図をこねくり回して、絵空事を言っているのではない。人間心理や人間の習性、そして実際に自分が体験してきた組織の動きや、関わってきたクライアントの組織の変化を見ても、B3・C3・D3の仕事にポジティブフィードバックが行われれば、必ずこのような変化は起きていく。

伝える時に大切にしたい、2つの聴く姿勢

相手の肯定的意図を、まず、ちゃんと聴く

ポジティブフィードバックであれ、ギャップフィードバックであれ、フィードバックが機能するためには、2つの「まず、ちゃんと聴く」を大切にしたい。

1つ目は、相手の肯定的意図を、まず、ちゃんと聴きたい。

ゾーン2の仕事をしている時、貢献度が低いことは他でもない本人が1番理解していることが多い。そういう場合、「自分はダメだ」「成果をあげられない人間だ」という思い込みを持っていることも多い。しかし、この人が悪いことをしようとか、会社を悪くしてやろうと思っていることはほぼない。なんとか良い仕事をしようと思ってやっているはずだ。その肯定的意図を捉えたい。

そして、ゾーン2の例外であるゾーン3の仕事に注目され、心から「ありがとう」「助かったよ」と伝えられたらどうだろうか。

部下を怒鳴る上司もそうだ。周りが直接言わないまでも、影でコソコソと「あの人、怒鳴ってばかりで怖いよね」と言われていることは薄々気づいている。

その上司自身も「自分のマネジメントスタイルはそういうものだから」というある種の開き直りをしているかもしれない。

その上司に対して、「この人が怒鳴っているのは、組織・事業の成果、部下の成長を思ってくれているからこそ」と、怒鳴るという行為の肯定的意図を受け取る。まず、ちゃんと聴くのだ。

その上で、ゾーン3を見つけて「今日は優しく教えてくれたのが嬉しかったです」と伝えたら、上司はどんな気持ちになるだろうか。

コンサルティングに「空・雨・傘」というフレームワークがある。空に雲が多いという事実を見て、そこに「この後、雨が降りそうだ」という解釈を加え、傘を持っていこうという結論を導き出すというものだ。

事前情報（事実）が多いと判断が難しくなるケースもあるが、基本的には事前情報は多ければ多いほど、指摘（解釈・結論）が的を射る確率が高まる。

3つのゾーンに対するフィードバックについても、同じことが言える。

伝える時には、相手の肯定的意図を、まず、ちゃんと聴く。
そして、相手の中にある絵の解像度をできる限り高めるべく、うまく聴く。
そうすることで、相手のためを想ったあなたのフィードバックが、相手により届きやすくなるのだ。

自分の肯定的意図を、まず、ちゃんと聴く

相手の肯定的意図を聴くことに加え、さらに大切なのは、自分の肯定的意図を、まず、ちゃんと聴くということだ。

ゾーン2の仕事に対してギャップフィードバックをするにしても、ゾーン3の仕事に対してポジティブフィードバックをするにしても、相手に届いている感じがしないと不安になる。

本章の冒頭で「相手の中に答えがあるということは頭では分かるものの、どうしても自分の頭の中に浮かんだ正解に行き着くように誘導してしまう」という相談をご紹介したが、実は相手の中に答えがない時もある。知らないことや、未経験のものに対しては、相手の中に答えがあると信じて関わっても、答えがないこともあるのは当然だ。

そういう時には、人生やその道の先輩として、自分の考えや意見を伝えることも必要だろう。

しかし、その考えや意見が相手にうまく届かないことがある。本気で相手のことを想って伝えているのに、相手に伝わっている感じがしないと、不安になったり、もどかしい気持ちになることもあるだろう。時には、怒りや悲しみが込み上げてくることもあるかもしれない。

そういう時は、自分に対して「まず、ちゃんと聴く」をしてほしい。自分の肯定的意図を、まず、ちゃんと聴くのだ。

自分が本気で考えていればいるほど、相手に伝わらないと、自分の意見を正当化したくなる。「一般的には」「普通は」「みんな」という枕詞をつけて、自分の気持ちや考えを理論武装して、相手を説得しようとする。

そうする前に、一度立ち止まって、自分に対して「まず、ちゃんと聴く」をしてみてほしい。伝えないほうが楽なのに、それでも相手のために伝えようとしているのであれば、なおさらだ。

自分1人では難しかったら、誰かに聴いてもらってもよいだろう。

あなたは、何を大切にしているから相手に伝えようとしているのか。伝える行為の背後にある肯定的意図はなんだろう。

あなたにも「言われた当時は分からなかったけど、今となってはその言葉のありがたみがよく分かる」といった経験があるかもしれない。立場や視点が違えば、すぐには伝わらないこともあるだろう。

しかし、本当に相手のことを想って伝えた言葉であれば、それはいつか必ず相手に届く。今は分からなくても、必ずいつか届く。

もし伝えることに不安になったら、自分のことを「まず、ちゃんと聴く」。ぜひこれを忘れないでほしい。

第4章

「聴く」と「伝える」の黄金比

「聴く」と「伝える」は逆の行為なのか

ここまで、聴く技術と伝える技術について説明してきたが、コミュニケーションについて真剣に考えている人であれば、「聴くと伝えるをどう使い分けるのか」ということに悩んではいないだろうか。

これは、研修やセミナーで最もたくさんいただく質問の1つでもある。

いくらそれぞれの技術が高まっても、その時々で、最適な技術を選択して、使い分けることができなければ意味がない。

聴くと伝えるの使い分けに関する悩みが多い理由は、主に4つ挙げられる。

まず1つ目は、比率にこれといった正解がないことだ。

本書のタイトルに「黄金比」と冠しておきながら大変申し訳ないが、聴くと伝えるの比率には、どんな状況にも当てはまるような絶対的な正解はない。

サッカーでたとえれば、ある場面でドリブルをするかパスをするかの選択に、正解はない。その時の状況、本人や相手のスキル、体力、プレースタイルなど、複合的な要素を瞬時に判断して、選択している。

聴くと伝えるの選択にも、同様に複雑な要素が絡み合う。環境や状況、相手との関係性はもちろん、「こうありたい」という意思も影響する。

本章では、聴くと伝えるを使い分けるヒントを示していくが、まずは「正解はない」と知っているだけでも、少し気が楽になるのではないだろうか。

2つ目の理由は、時間の制約があることだ。限られた時間の中で、今置かれた状況を判断し、最適な比率で聴くと伝えるを使い分けていく必要がある。

「これを伝えたほうがよさそうだ」と頭に浮かんでいることがある一方で、「今は聴いたほうがよさそうだ」とも感じる。

サッカーほど瞬時の判断を求められるわけではない。一度伝えるを選んでも、聴くに戻ることもできる。

しかし、会話は確実に進んでいくし、そこに割ける時間は有限だ。そう考えると、時間制限という要因が使い分けの判断に与える影響は大きいだろう。

逆に、3つ目はサッカーよりも難しい点になる。

それがフィードバックを得づらいことだ。

仮に、部下に「今日の1on1どうだった？」と聞いても、忖度のないフィードバックをもらえることは少ないだろう。

ビジネスの会話は1on1以外にも、立ち話、会議、移動中、飲みながらなど、さまざまな場面がある。

しかし、自分のコミュニケーションに対しての客観的なフィードバックをもらえる機会はあるだろうか。

技術を高めていくためのフィードバックを、自分の記憶と感覚に頼らざるを得ない状況になっているケースが多い。

さらに、利害関係というものも、難しさを助長する4つ目の理由だ。

部下からプライベートな悩みを相談された時、頭では聴いたほうがよいと分かっているのに、なかなか冷静に聴けない。あるいは、部下の状況や性格が分かってしまっているが故に、伝えるべきことを伝えられなかったり、余計なことまで言ってしまったことはないだろうか。

聴くと伝える、どちらがよいのか。そして、どう聴いて、どう伝えるとよいのか。

これは、頭では分かっていたとしても、利害関係が強い相手とのやりとりにおいては、うまく選択できないことがあるのだ。

聴くと伝えるの両立には、常に悩みが伴う。どんな時でも通用する絶対的な正解はない。考え、悩み続けることが大切なのかもしれないとさえ思う。

まずは、これから示すヒントを守破離（しゅはり）の守として使い、慣れてきたら、少しずつ自分なりのやり方を摸索していっていただきたい。

両立のためのヒント

テーマによる使い分け① PIマトリクスをベースに考える

まず、第3章で説明したPIマトリクスは、聴くと伝えるの比率を考える上で、土台となる考え方と言ってもよいだろう。

多様性が重視される時代になればなるほど、感情・価値観は、評価・判断の対象ではなくなっていく。左下に寄るほど、withoutジャッジメントでの関わり方が適していく。

それに対して、右上は伝える・聞くほうが向いているテーマだ。特に、知識や経験が豊富な人であれば、タスクレベルの言動・思考には、評価・判断を入れたほうがお互いに有益になる。

このPIマトリクスについて、例を見ながらもう少し理解を深めてみよう。

1 on 1で、後輩からこのような相談をされたとする。

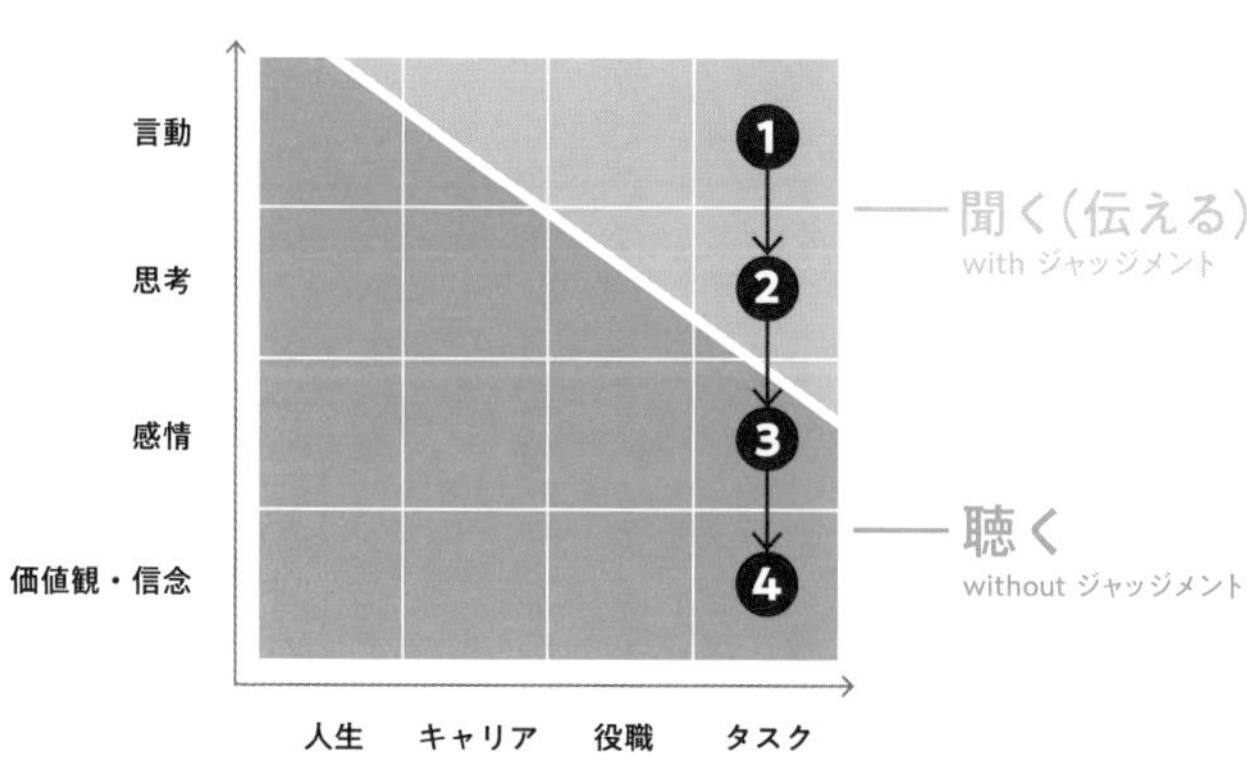

「明日お客さんに出す予定の提案書には、データをたくさん盛り込みました①。

しっかりとデータで裏付けされた提案がよいと考えまして②。

――この提案書を見たお客さんに『あなたにお願いしてよかった』と言われることを想像したら嬉しいなって思うんです③。

やっぱり僕は、新規のお客さんとの信頼関係をつくっていくのが好きなんですよね④」

これは、「提案書の作成」という横軸の1番右、タスクレベルの話である。そして縦軸で考えると、話しながら上から下へ降りていっているのが分かるだろう。

①データをたくさん盛り込んだ……言動

②しっかりと裏付けのある提案がよいと考えた…………思考
③「お願いしてよかった」と言われたら嬉しい…………感情
④新規のお客様と信頼関係をつくるのが好き…………価値観・信念

あなたが後輩よりも今回の提案書の内容について、知識・経験が上であれば、①データをたくさん盛り込むことがよいのかどうか、②裏付けされた提案がフィットするのかどうかはwithジャッジメントで聞くのが向いている。そのほうが仕事はスムーズに進むだろう。

一方、③「お願いしてよかった」と言われるのが嬉しいかどうか、④新規のお客さんと信頼関係をつくるのが好きかどうかは、withoutジャッジメントで聴くのが向いている。「お客さんと信頼関係をつくるのが好きとか言っているからダメなんだよ」などと相手の価値観に対してwithジャッジメントで関わってしまったら、その後、部下は自分の価値観を話してくれなくなるだろう。

実際の会話では、マトリクス内を斜めに動いたり、全く別の領域に飛ぶことのほうが多い。人によって話すテーマが特定領域に偏りやすいことも覚えておくとよいかもしれない。

少し上級者になったら、相手や自分がどの領域の話が好き・得意かを意識すると、より聴くと伝えるの使い分けが面白くなっていく。

例えば問題解決重視型の人だと、言動や思考の話が多くなる。そういった人に、あえて感情や価値観を問う質問を投げてみると面白い会話に展開するかもしれない。

逆に、人の気持ちに配慮する人は、感情・価値観レイヤーの話が多くなりやすい。そういう人には「うだうだ言っていないで、まず1回やってみよう」というwithジャッジメントで伝えることも有効かもしれない。

聴くと伝えるの比率を考える時には、自分がどんな話が好きなタイプなのかに自覚的であることも大切だ。コーチングやキャリアカウンセリングを学んでいる人であれば、感情・価値観レイヤーに、問題解決思考が強い人であれば、言動・思考レイヤーに意識が向きやすい。

このように、PIマトリクスは、聴くと伝える（聞く）を両立するための土台として、頭に入れておくと便利だ。

テーマによる使い分け②
こだわりがある時は、まず聴く

もし、相手が多くの意識や時間を割いていることについて、何かを主張している場合には、まず聴くことがおすすめだ。

こだわりのあるテーマや、時間をかけて考えたことは、その主張に耳を傾けてみると、一理ある可能性が高い。

仮に、自分から見たらあり得ないと思われることだったとしても、筋が悪そうに見えても、一度自分のジャッジメントは脇に置いて、相手の話をまず、ちゃんと聴く。それが、より良い意思決定や判断につながる可能性を高めてくれるだろう。

相手にこだわりがあるテーマであればあるほど、聴くことなしに、こちらから異なる意見やアイデアを出しても、相手に受け取ってもらえないことが多い。遠回りに見えても、一度聴き切ることが近道だ。

ここで、相手のこだわりに向き合う際に注意したい状況を2つ紹介する。

1つは、自分にもこだわりがある場合だ。こちらも意識や時間を費やして真剣に考えてきただけに、特に立場や役割が違うと意見のぶつけ合いになってしまうケースがある。会社で言えば、部署間でこうした状況が起こりやすい。

お互いにこだわりがあればあるほど、真剣であればあるほど、自分の意見が正しいと思いがちだ。「どこからどう考えても、こうだろう」という考えから抜けられなくなってしまう。下手をすると自分が正しいことを証明するための情報を集めたり、論理を組み立てることに躍起(やっき)になっていく。

もう1つは、自分が過去に似た状況や仕事を経験したことがある場合だ。

上司部下の場合、今部下が経験している状況を、上司は過去に経験していることも多い。親子の関係でも当てはまることが多いだろう。

自分が経験しているが故に、その事象に対して強いこだわりがあったり、譲れない意見があったりする。そして、その価値観や信念を、無意識のうちに、相手のためによかれと思って振りかざす。

自分が経験している時とは時代・背景・状況が違うのに、自分の経験が邪魔をして、相手の話を聴けなくなってしまう。


この2つの状況になると、気づかぬうちにこちらも感情的になりやすい。

そんな時こそ、まず、ちゃんと聴くが大切だ。冷静になれないのであれば「今は冷静に聴けないから、時間を改めさせてほしい」と伝え、少し時間をあけるようにしてもよいだろう。自分のコンディションを整えてから、聴く時間を設けてもよい。

1番、事が厄介になるのは、感情的になっているのに、自分は感情的ではないと思っている時だ。

特に「一般的には」「普通は」「客観的に見たら」「みんな」「他の人も」といった言葉が頭の中に浮かんできたら気をつけたほうがよい。自分の意見がいかに正しいかを、それらの言葉を利用して説得しようとしているだけのケースが多い。

相手にこだわりがあればあるほど、「まず、ちゃんと聴く」から始めよう。もし、相手のこだわりが、自分のこだわりと対立するようであれば、自分の肯定的意図を聴く必要もあるかもしれない。

お互いの肯定的意図を知ることができれば、建設的な議論につながっていきやすい。

時間による使い分け① 最初の5秒は聴く

「反応は『でも』から入るな」と言われるように、**ほとんどの場面において、「最初の5秒間は聴く」ことが有効だ。**

例えば、AとBの2つの選択肢があるが、あなたはA以外の選択肢はあり得ないと思っている。そんな時に、相手から「私はBがよいと思います」と言われると、つい「いや、でもこの視点から考えると、A以外の選択肢はないと思いますが」と返したくなる。相手の意見に、いきなりwithジャッジメントで反応してしまう。

たしかに、PIマトリクスをもとに考えると、タスクレベルの言動・思考レイヤーの話なので、withジャッジメントで意見をぶつけてもよい領域ではある。しかし「でも」という枕詞で入ったら、議論が感情的になりやすい。

もちろん、ずっと聴けとは言わない。しかし、建設的な議論を望むのであれば、最初の5秒だけでも聴くから入ると印象が変わる。「いや、でも……」の代わりに「なるほど、Bがよいと思われているのですね。私はA以外の選択肢はないと思っているのですが……」と伝えてみるのだ。

文字だけだと分かりづらいかもしれないが、最初の反応を「聴く」に変えるだけで、大きく印象が変わる。

ここでのポイントは信念と非言語スキルだ。「なるほど、Bがよいと思うのですね」と言う時に、相手のBという意見には、肯定的意図が必ずあるはずだ、という信念があるかないか。

そして、言葉ではないあなたの表情・口調などの非言語が、相手の意見を聴いていることを表現しているか。

言葉として、言語スキルとして「なるほど」と言えばよい、という話ではない。

最初の5秒聴こう、というのは、意見が違う相手と話す時は、「テクニックとして」1回受け取りましょうという提案ではないことを重ねてお伝えしておく。

この「最初の5秒は聴く」を練習しやすいのが、文字メディアでのコミュニケーションだ。

メールやチャットを想像してほしい。会話と違って、相手の言葉に反応を返すまでに時間的な余裕がある。聴くほうがよいのか、伝えるほうがよいのかの判断に時間がかけられる。

「でも」と返信を書き出したとしても、送る前に修正することができるはずだ。

テキストコミュニケーションでも、最初の1行で「しっかり聴いているよ」ということが伝われば、印象が変わることが実感できるだろう。

会話では最初の5秒、文字では最初の1行の反応に、いつもよりも少しだけ意識を向けてみてほしい。

時間による使い分け②

時期を見極める

最初の5秒も大事だが、もう少し長い時間軸での使い分けも有効だ。

今月から始まった3か月間のプロジェクト。メンバーもプロジェクト成功に向けて強く動機づけられ、モチベーションが高い状態だ。この状況であれば、「この3か月はビシビシいくからね」と伝えた上で、多少厳しく指導したり、指示をしたりしても、問題なく走り切れるだろう。

逆に、聴くを意識したほうがよい時期もある。

いつもは何事にも前向きでエネルギッシュなメンバーが、家庭の都合で仕事に集中しにくい状況が続いている。普段は気をつかうことなく厳しい指摘をする相手であっても、この期間は少し聴く時間を多めに取ったほうがよいかもしれない。

このように、少し長いスパンで聴くと伝えるの比率を調整する意識を持つことも有効だ。

もっと長い時間軸もある。

新卒2年目のメンバーに対して、社会人としての常識や、仕事の姿勢というものを教える。最近では、年長者の講釈は嫌われるが、それでもそのメンバーの将来のことを思えば、伝えなければいけないことがあるかもしれない。

親が子どもに対して、道徳や社会のルールを教えるのも似ているかもしれない。

こういったケースでは、そのメンバー（や子ども）が、その指摘や指導に感謝をするのは10年後かもしれない。

言う側だって、わざわざ嫌われるようなことや、煙たがられるようなことなんて言いたくない。しかし、相手の将来を真剣に願っているからこそ、「これは伝えなければ」と思うことがある。

この時に大切なのは、それを伝えたいと思っている自分の肯定的意図を信じることだろう。

伝えたい自分の肯定的意図が信じられなければ、短期的に自分が嫌われるような厳しい指摘を選択することは難しい。

相手の時期と状況を見極め、時に自分自身の肯定的意図に耳を傾けながら聴くと伝えるを使い分けられるようになると、あなたの想いはより相手に届くようになるだろう。

人による使い分け

1人でやろうとしない

自分だけでは対応が難しいと感じるのであれば、他の人に協力をお願いするという方法もある。聴くと伝えるを、全て自分1人でやろうとしない、ということだ。

聴く技術を高め、伝える技術を高め、それをうまく両立できるに越したことはない。しかし、誰にだって得意不得意はある。

また、相性が悪い場合もある。自分1人でやるのが難しい時もあることを知っていると少し肩の力が抜ける。

この役割分担、実は自然とやっていないだろうか。

部下Aさんに言い過ぎた時、チーム内の他の信頼できるメンバーBさんに「Aさんにちょっと厳しく言い過ぎちゃったんだよね。だから、今日一緒に飲みに行って、話を少し聴いてあげてきてくれない？」とお願いをする。

また、「私から言ってもあまり響かないみたいなので、彼女から信頼されているあなたから、私が伝えたいことを代わりに言ってみてくれない？」というような役割分担は昔も今もよく行われているのではないだろうか。

１on１が流行り、リモートワークが増えた今、１人の管理職が全ての役割を担いなさいと言われているような気持ちになる。

もちろん自分のコミュニケーション技術・スキルを高めて、できる限り聴くも伝えるもできるように努力はする。しかし、上司にだってそれぞれ得手不得手があるし、部下との相性だってある。時間の制約もある。それなのに、１人で全てやれというのは無理があるのではないだろうか。

「聴いたほうがよい状況だろうけれど、自分では聴けない」と思えば、他の人にお願いする勇気を持つ。部下とのコミュニケーションがうまくいかなくなったり、関係が悪くなるぐらいだったら、他の人を頼りたい。信頼できる仲間にコミュニケーションの一部の機能を切り出して、代わりにお願いすることは何も悪いことではない。

この役割分担が進んだ会社ではすでに上司との1 on 1以外に、斜めのメンター制度、YeLLのような社外との1 on 1などを同時に取り入れている。

上司がしたほうがよい話、斜めの関係だからしやすい話、利害関係がないからこそできる話。どんなテーマが話しやすいかは、関係性によって変わる。

必要なコミュニケーションを全て上司に押し付けて、「我が社の管理職は、みんな聴けない」と嘆く人事の方がいる。しかし、事業の成長や社員の幸せを本当に願うのであれば、全てのコミュニケーションを1人の上司に押し付けるのが得策だとは、私には思えない。必要なコミュニケーションが充足するような役割分担のデザインが、より一層求められることになるだろう。

少し話が会社視点に寄ってしまったが、1人の上司としてできることは、1人で聴くも伝えるも抱えすぎないという視点を持つことだろう。

自分で使い分けを判断せずに、相手に確認してしまうという方法もある。

聴くと伝えるの比率に「絶対的な正解」はないが、その時に最適な選択肢は相手が知っていることもある。そういう意味で、相手に確認するというのは、最も楽で、確実で、実用的な手段だ。

相手に応じた使い分け①　相手に確認する

部下に「今日はキャリアの話がしたいです。少し悩んでいまして」と言われたら、まずは「キャリアの話というと？　もう少し教えて」と具体化の質問をする。

それに対して「考える時間がなくて焦っているのです」と返ってきたら、次の選択肢としてさらに聴くことも、アドバイスをすることもできるだろう。ここでどっちにしようかと悩んだら、自分で判断をせずに相手に確認してしまうのだ。

「そうなんだね。キャリアについて考える時間がなくて焦っているんだね。今日はどんな時間になるとよいかな？　聴きながら一緒に考える。私の視点でアドバイスをする。私の経験が聞きたいとかもあるかな。それ以外にもありそうだけど、どんな時間になるとよいだろう？」

丁寧に言っているが、要するに「聴けばよい？　伝えればよい？　それともそれ以外の関わりがよい？」と確認をしている。

こうすることで、自分１人で使い分けを悩まずに済むばかりか、相手の期待値とのズレが少なくなる。

この確認には、実はもう１つ効果がある。

実は、話し手、例で言えば部下も、どう関わってほしいのかに自覚的でないことが多い。最初に「どう関わればよいか」を確認することで、部下自身が「今自分はそれを求めているのだな」という気づきが生まれる。そういった意味で、この確認自体が、聴くという行為になっているのだ。

必要があれば、途中と最後にも確認ができるとよいだろう。

途中の確認は、最初に求めた関わり方が本当に合っていたかの確認だ。

最初は聴いてほしいと思っていたから、聴いてもらった。その結果、やっぱり自分はアドバイスがほしかったのだと部下自身が気づくケースもあれば、十分に聴いてもらったので、ここからはアドバイスがほしいというケースもある。

最後の確認は、今日の関わり方が相手にとってよいものだったのかの確認だ。

「今日は聴いてほしいと言っていたからずっと聴いていたけど、どうだった？　もう少しこうしてもらえたら嬉しかったな、ということがあれば教えて」といった具合だ。

この最後の確認をすると、相手がどういう時にどういうことを望むタイプなのかという情報が、自分のデータベースに溜まっていく。

すると、普段の会話の中でも、相手に応じた聴くと伝えるの両立のための判断がしやすくなり、結果的に最適な割合で関われる確率が高まっていくことになるだろう。

相手に応じた使い分け②

相手の興味・関心があるテーマを話題にする

管理職の方から、このような悩みをうかがうことが多い。

「何を聴いても、何を伝えても、反応が薄いメンバーがいます。私の聴く力が足りないんでしょうか。そういった場合はどうしたらよいのでしょうか」。

そうした時に役に立つのが、次のページの図である。

現状（As-Is）と理想（To-Be）の組み合わせで、状態を４つに分けている。

これは、私が新卒で入社したワークスアプリケーションズの営業で学んだフレームワークだが、聴くにおいてもそのまま使える。

現状（As-Is）と理想（To-Be）による4つの型

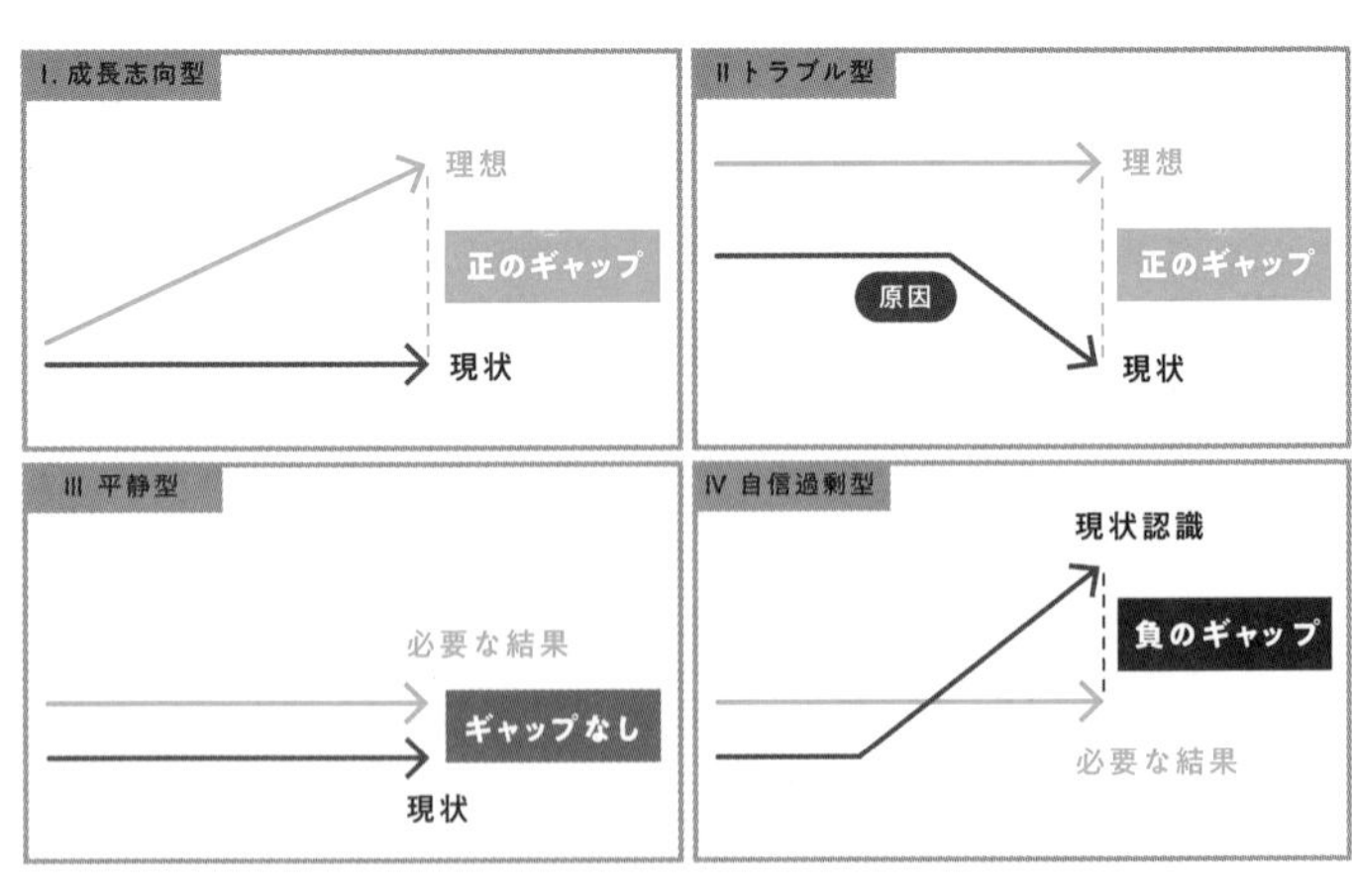

成長志向型とは、現状に対して、理想が高い。「今より成長したい」という成長意欲が高い状態だ。現状と理想には、正のギャップがある。

トラブル型とは、何かの原因により、現状が落ちている状態だ。「この状況をなんとかしたい」と考えている。成長志向型と同じように現状と理想に正のギャップがある。

平静型とは、現状と理想が一致している状態だ。今の状況・状態に課題を感じていないし、特に成長を望んでいるわけでもない。「特に問題はない」「このままでよい」と考えており、現状と理想の間にギャップはない。

自信過剰型とは、自分の理想や周りの期待を、自分が越えていると考えている状態だ。「自分はできている」と思っているが、周りから見ると「本当にそうかな」と見えているケース。現状と理想には負のギャップがある。周りの人を思い浮かべながら、４つの状態の人たちと１on１をすることを想像してみてほしい。

成長志向型とトラブル型は、１on１がしやすい。もっと成長したい、この状況をなんとかしたいと、自ら積極的に話してくれる傾向が強い。こちらの問いかけやアドバイスも、真剣に受け取り、考える。

一方で、平静型と自信過剰型は、１on１の難易度が高い。平静型の人に「話したいことはありますか？」と問いかけても「特にありません」という言葉が返ってくる。自信過剰型からは、成長や課題に関わる話は出てきづらい。それどころか、自分はできているという認識があるので、「あの人のここがダメですね」「あの制度は良くないですよね」など、周囲や仕組みに対する愚痴や文句が出てくるケースが多い。

平静型や自信過剰型からこのような反応が繰り返されると、上司として１on１を続ける意欲が落ちてくる。場合によっては、自分に聴く力がないせいなのではないかと、自分を責めてしまうこともある。部下側も「１on１って苦痛な時間だな」と思うだろう。

まず、１on１が難しい相手がいるんだと認識できるだけでも、少しは気が楽になるのではないだろうか。

では、こういった後者の2タイプのメンバーにはどのように対応すればよいのか。

この型は、人ごとに決まるのではなく、テーマごとに決まると捉えたほうがよい。

例えば、キャリアについては非常に成長意欲が高いが、メタボ気味の体型については特に変化を望んでいないというケース。

また、仕事の専門技術については自信過剰型だが、趣味のゴルフについてはトラブル型というケースもあるだろう。

部下が、仕事において、成長志向型かトラブル型のテーマを持っていればよいが、そういったテーマがないという場合もある。これがつまり、冒頭の「何を聴いても伝えても反応が薄いメンバー」だ。


そういった場合どうするのか。

まずは、相手にとって成長志向型やトラブル型に当てはまるテーマを話題にすることをおすすめする。

上司としては、キャリアや業務の進め方についてもっと考えてほしいと思っているかもしれないが、本人にとってそれらのテーマが平静型や自信過剰型であったら、あなたが望んだような話にはならない。であれば、相手にとって成長志向型やトラブル型のテーマから話して、お互いに楽しく、盛り上がる時間を過ごしてほしい。その中で相手との信頼関係や相手への理解を深めていく。

今あなたが話したいテーマについて、相手は成長意欲も課題感も持っていないかもしれないが、そのテーマに対していつ成長意欲や課題意識が出てくるかは分からない。その時に「この人に話したい」と思ってもらえる関係を築いておくことを目指したい。つまり、相手の関心事に関心を寄せて、話すテーマを選ぶということだ。

ここで、成長志向型やトラブル型のテーマを見つけるためのヒントをお伝えしておく。例えばランチに行く時に「今日はなんでもよいなぁ」と思う時があったとしよう。しかし、そういう時であっても、ファミレスに行ってメニューを開けば、食べたいものを１つ選ぶことはさほど難しくないはずだ。

同じように、テーマ設定にメニューを使用するのはとても有効だ。テーマを一覧化したシートを示したり、最近では１on１に特化したカードなどもある。

職場の１on１の場合、多くの人は「仕事の話をしなければいけない」と思っている。仕事以外のテーマもメニューとして示すことで、幅広いテーマを扱ってよい場であることも暗に伝わるだろう。

メニューを見ながら、「この中で、あえて話したいことを1つ選ぶとすると、何かある?」と尋ねれば、1つぐらい成長志向型・トラブル型のテーマが見つかるはずだ。

もし、そこまでしても「何もないです」と言われるのだとしたら、それは「あなたには話したくありません」というメッセージだと受け取る必要があるかもしれない。

それはつまり、前提の信頼関係を構築する必要があるということだろう。

ただし、部下に関心がないテーマであったとしても、上司としてその話をしなければならない時はある。特に評価面談などではそのようなことがあるだろう。

そのような場合は、どのような伝え方をしても、聴き方をしても、**今の**相手にはあなたの想いは届かないかもしれない。それでもあなたが相手に伝えようと思うのであれば、その姿勢はとても尊いことだと思う。

その時には、自分の肯定的意図を、まず、ちゃんと聴くことを忘れないでいただきたい。

「聴く」と「伝える」に共通する「観察力」

聴く技術、伝える技術を活かす「観察力」

この場において、今は聴いたほうがよいのか、伝えたほうがよいのか。あなたはそれを「観察力」を使って判断している。

あなたも普段から、

「この会議では個人的な意見は言わず、事実だけを共有しておこう」

「この人の話は一旦、口を挟まずに聴いたほうがよいな」

「今は自分の過去の経験をしっかりと語ることが大切だな」

など、観察力を使って、状況や相手に合わせて、どのスキルを選択するかを決めているはずだ。

観察力を定義するのであれば「相手や場を五感で感じ取り、自分がどう振る舞うことが

相手や場にとってよいことが起きるかを決める力」になる。

この観察力は、過去の体験をもとにつくられている。

あなたの中には、自分の過去の経験を教師データにした機械学習によってできたアルゴリズムが存在している。

自分がキャリアに悩んだ時に、誰かに聴いてもらうことで素晴らしい体験をした人は、部下がキャリアに悩んだ時には、聴くを選択しやすいかもしれない。

逆に、誰かからのアドバイスで道が開けた体験をした人は、同じ状況の相手であっても伝えるを選択しやすくなるだろう。

経験量が多く、経験のインパクトが強いものほど、この観察力というアルゴリズムに強い影響を与える。

だからこそ、観察力というスキルを一度手放して、再び身につける。最近の言葉で言うと、アンラーンして、リスキリングする必要があるのかもしれない。

聴く・伝えるにおける自分の観察力を、健全に疑ってアップデートしていくことが、あなたが育ててきた聴く技術と伝える技術を、効果的に活用するために必要なのだ。

この図は、職場、特に上司部下間のコミュニケーションで求められる8つの力を示して

上司部下間のコミュニケーションで求められる8つの力

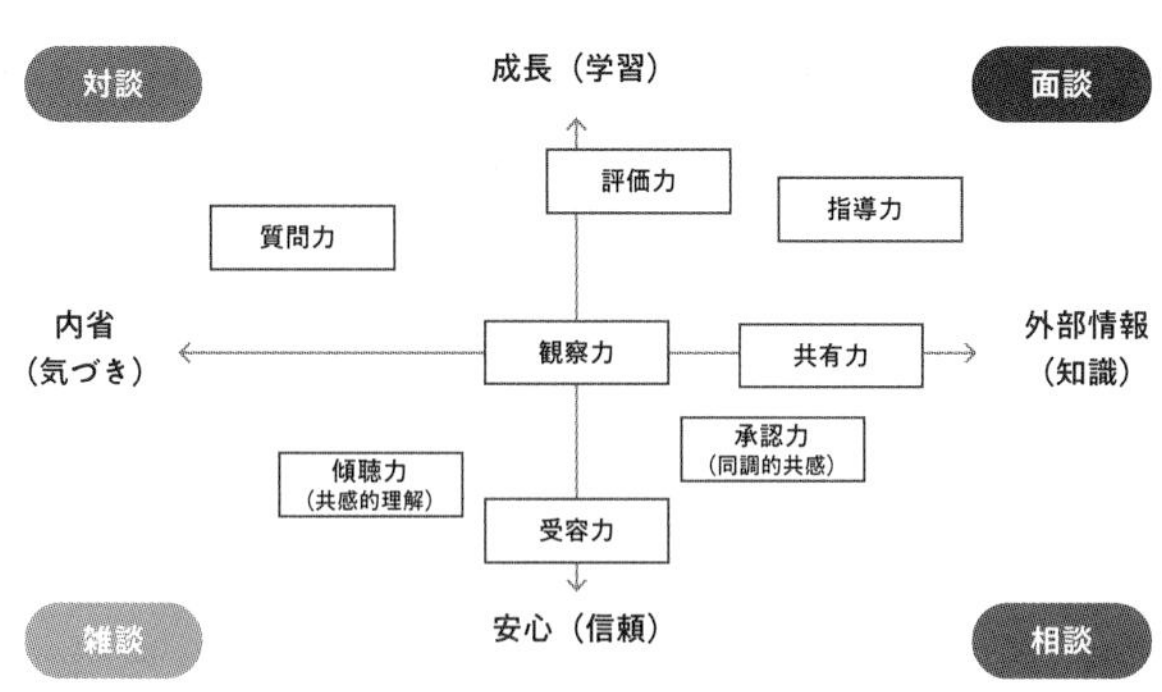

いる。この8つのスキルマップは、以前、組織人事コンサルタントの世古詞一（せこのりかず）さんがセミナーで示されていただいた図を本書の趣旨に合うように加工させていただいたものだ。こう見ると、いかに昨今の上司が多くのものを求められているかが分かるだろう。

縦軸と横軸は、部下（相手）に起きることを表している。縦軸の上にいけば「成長」、下にいけば「安心」を生み出すようなコミュニケーションになる。

横軸は、右にいくほど「外部情報」が得られ、左にいくと「内省」が起きる。

右上の象限は、外部からの情報（指導・評価や情報の共有）を与えながら、成長を目指す場になる。評価面談の場をイメージすると分かりやすいだろう。

右下の象限は、相談のような場だ。安心できる場をつくることで、相手に相談事を話してもらい、時に自分視点で同調的に共感をしたり、知識や経験を共有していくようなコミュニケーションだ。

少し前までは、上司部下のフォーマルなコミュニケーションは、この面談と相談だけで成り立つことも珍しくなかった。しかし、先にもあげた社会環境の変化によって、次にあげる対談や雑談の場が必要になってきている。

左上の象限は、対談としている。対談と聞くと、アーティストと小説家、経営者とスポーツ選手などの対談をイメージするかもしれないが、ここでは「それぞれに違ったバックグラウンドを持つ者同士が、対等な関係で質問をし合い、相手の話に刺激を受けながら、新たな気づきやシナジーを生んでいくコミュニケーション」と定義する。

肩書きは上司部下であっても、対等な立場でお互いにとってよい時間にするやりとりは増えてきているはずだ。

左下の象限は、雑談だ。雑談では、仕事の評価や相談では出てこない、仕事以外のテーマを扱うことが多いかもしれない。

こうしたテーマは昔から職場でも扱われていたが、上司部下のフォーマルに近い場で扱われることは少なかった。しかし、価値観や働き方が多様化する中で、それぞれの個性や

上司部下間のコミュニケーションで求められる8つの力

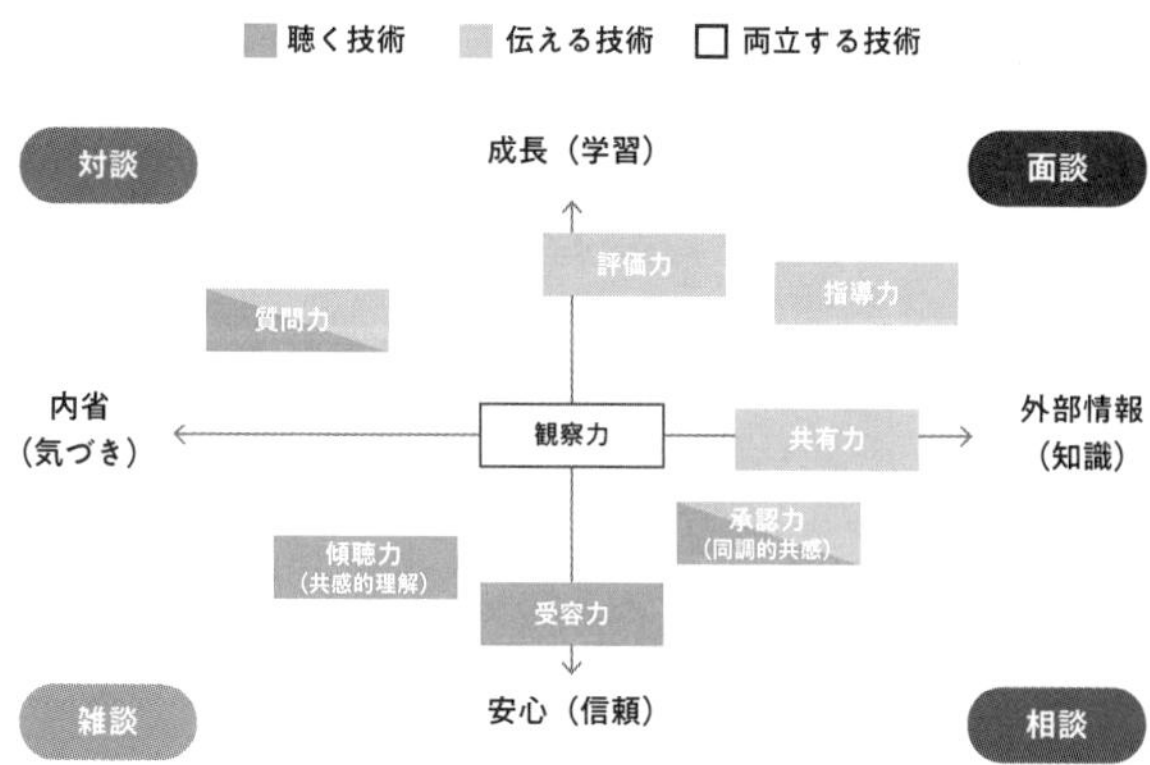

強みを仕事で活かしていこうとなると、仕事以外の部分までお互いに理解し合っているほうがやりやすい。雑談的なコミュニケーションは、仕事の生産性に寄与するのだ。

なお、面談、相談、対談、雑談と記した場において、図に置いたスキルだけを使うということではない。

面談や相談は上下関係を、対談や雑談は対等な関係を前提にしているという意味では、その場に対して相性のよいスキルはあるが、面談の中で承認することもあるし、相談の中で指導することもあるだろう。

これら8つの力を、聴く・伝える・両立する技術で分けると、上の図のようになる。

評価、指導、共有は伝える技術に、傾聴、受

本書で扱う内容とその全体像

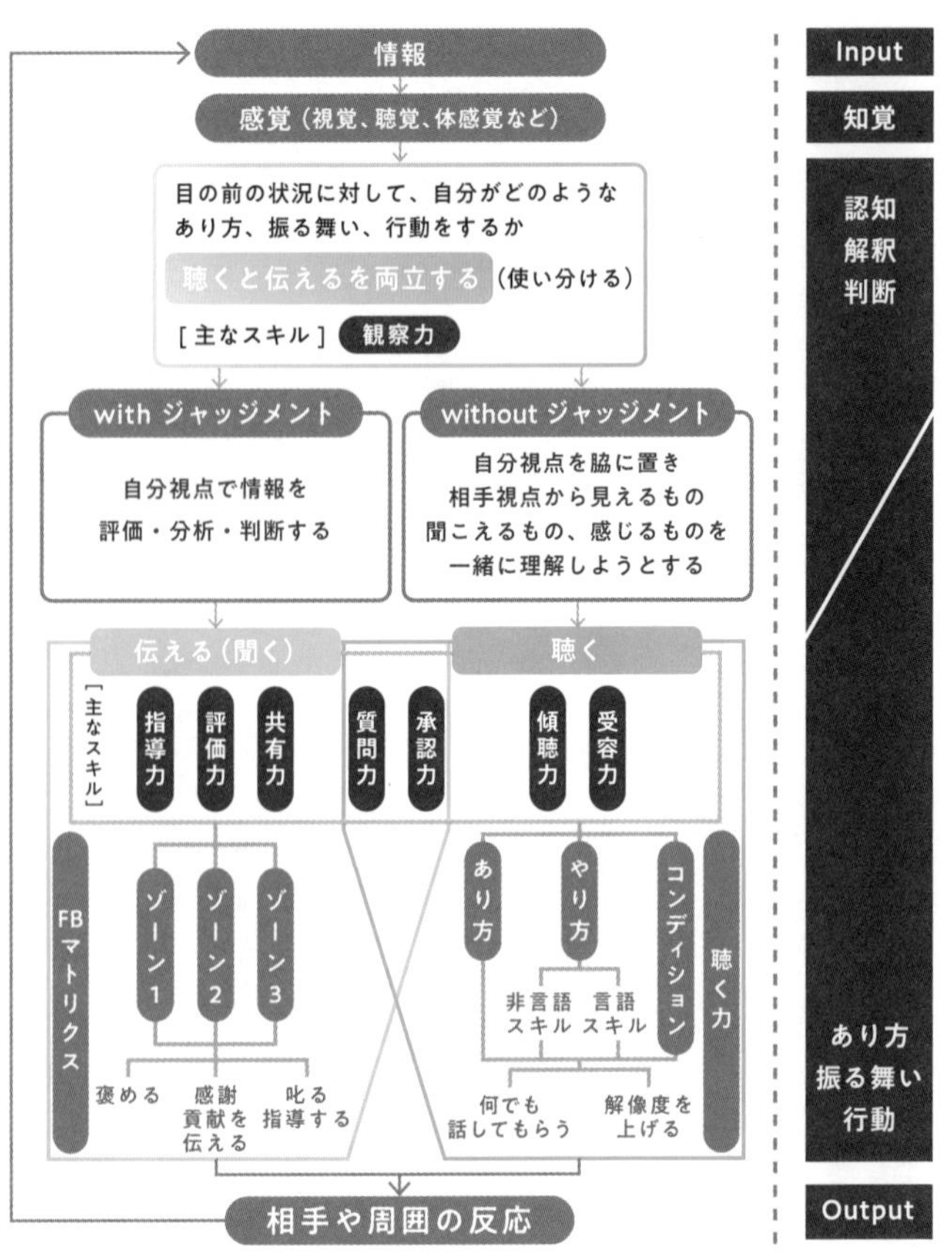

容は聴く技術に分類し、質問や承認は聴く・伝えるのいずれにも必要な力とした。

そして、本章のテーマである使い分ける技術の土台にあたるのが、中央にある観察力だ。無意識かもしれないが、この観察力を最初に用いて他の7つの力のどれを使うかを選択している。

では、この観察力は、何を判断基準にして、選択をしているのだろうか。

聴くと伝えるの選択に影響を与える3つの要素

観察力にもとづく聴くと伝えるの選択には、相手・自分・関係性の3つの要素が強く影響を与える。


1つ目の**相手**というのは、さまざまな要素があるが、意識的か、無意識的かに関わらず、すでに考慮している人が多いだろう。

性格のようなものもあれば、モチベーションやテンション、その日のコンディションも影響する。

モチベーションが高い時には厳しく伝えても大丈夫かもしれないが、著しくモチベーションが低い時に厳しく言えば、明日会社に来られなくなってしまうかもしれない。普段は前向きな言葉をかけると笑顔で頑張るタイプでも、体調や心のコンディションが悪い日には、前向きな言葉を受け付けてくれない可能性もある。

相手がどういった状態で、どういった関わり方を求める人か分からなければ、先に示した通り直接確認することがおすすめだ。

相手への理解が深まっていくと、確認をしなくても相手が嬉しいと感じられる選択が自然とできるようになる。


2つ目は**自分**だ。相手にもタイプがあるように、自分にもタイプがある。これまでに培ってきたプレースタイルのようなものだ。

このプレースタイルは、過去の経験をもとにしていることが多い。そこに自覚的になりたい。

特に、年数や経験を重ねるほど、選ぶ技術・スキルが固定化しやすい。過去に指導することでうまくいった経験があれば、指導力を多く用いる傾向になるだろう。

さらに、ポジションが上がるほど、相手は自分の話に頷いてくれやすくなる。「満足しました」「勉強になりました」などと言ってくれることも多いため、「この対応であっている」という認識を持ちやすく、伝えるに偏る傾向にあるかもしれない。

逆に、コーチング・キャリアカウンセリングなどを学んでいる最中だと、聴く技術・スキルに偏重しやすくなりがちだ。

このように、観察において自分自身がどのような癖を持っているかを知っておくと、独りよがりにならず、その場に応じた使い分けができるようになるだろう。

最後は**関係性**だ。昔から付き合いが長く、自分の専門分野について相談に来た人に対しては、聴くことなしにアドバイスをしてもよいかもしれない。

逆に、今月から自分の部署に加わったメンバーとの初めての1on1で、いきなり評価やアドバイスをしたら、どうなるかは想像ができるだろう。こういった場合は聴くが向いている。

このように、関わる相手との関係性によって、聴くか伝えるかの選択は変わるはずだ。信頼関係があるか。自分と相手との知識・経験レベルの差。そのテーマにおける関係性。こういったことを観察することが重要だ。

この3つの要素を意識しながら観察することで、相手やその場にとって、どの力を使うことが最適かを判断することができるようになっていくだろう。

自分の観察力に、建設的な懐疑心を持とう

では、観察力を育てるには、どのようにすればよいのか。

これについては、「自分の観察力に対して、自覚的になること」しか方法はない。

もちろん、これまでの自分を否定する必要はないし、その場に最適な判断をしていることも多々あるだろう。しかし、自分の観察力に建設的な懐疑心を持っていることはとても大切だ。

自分はどんな判断をする癖があるのか、その癖を生み出している自分の価値観や信念（思い込み）がどんなものなのか。このようなことに意識的になっていくことが、聴くと伝えるの選択の精度を高めていく。

今までとは違う選択ができる余地が生まれれば、全く違う話の展開になることもあると考えると、ワクワクしないだろうか。

聴く、伝えるは、スキルのように感じるので、学ぼうという気持ちになりやすい。一方で、観察力を中心とした両立する技術は、無意識で使われることがほとんどだ。故に、自分自身では意識を向けづらい。

終身雇用、年功序列時代とは異なるコミュニケーションが求められる時代において、観察力をアップデートしようという意識は、あなたを助けることになるだろう。

第 5 章

「聴く」「伝える」「両立する」3つの技術を高める

技術向上に必要な「3要素」と「4ステージ」

技術向上に欠かせない3つの要素

ここまで聴く、伝える、両立するという3つの技術を説明してきた。では、理解できたからといって「できる」ようになったかと言えば、そうではない。本章では、3つの技術を高めるための具体的なヒントを示していくが、その前に、第1章で簡単に説明した技術向上に必要な3要素と4つのステージについて思い出していただきたい。

まず、技術の向上には、関心・知識・経験という3つの要素が大切になる。この3要素について、第1章に書かなかった内容のみ補足的に説明する。

❶ 関心を高める

関心が高まる要因は大きく2つある。

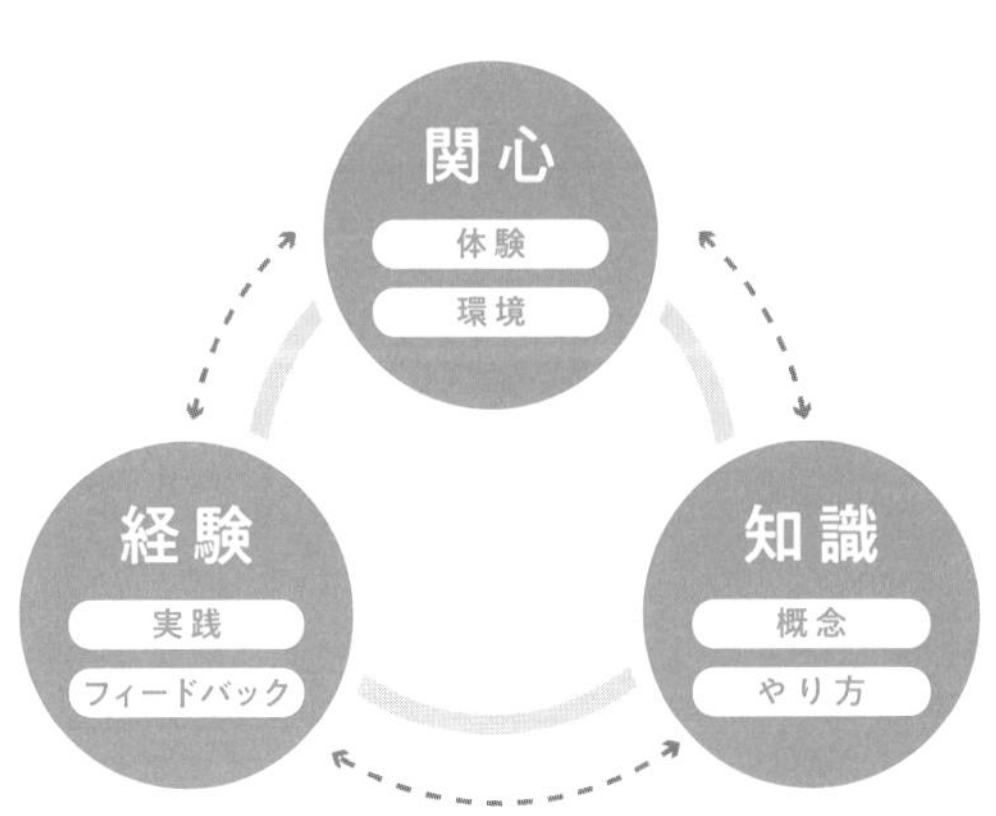

1つ目は**自分自身の体験**だ。

自分が何度も打ち合わせをしてきたお客さんへの訪問に、先輩に同行してもらう。先輩はお客さんと初対面にも関わらず、あっという間に打ち解け、商談もなごやかだ。気づけば何度も話してきた自分よりも仲良くなっている。

このような体験を通してお客さんとの信頼関係のつくり方について関心が生まれるかもしれない。

また、同じプロジェクトに関わっていた同期の報告書が非常に分かりやすかった。自分ももっと上手に報告書をつくりたい、と報告書のつくり方への関心が高まることもあるだろう。このように自らの体験によって対象への関心は高まる。

関心が高まる要因の2つ目は、**環境**だ。

「海外転勤が決まったから英語を勉強しなければ」と考える、あるいは、課長に昇進したことで人材育成に対しての関心が高まるといったことをイメージすると分かりやすいだろう。場合によっては、嫌でも関心を持たざるを得ない場合も含め、対象への関心は、置かれた環境によって高まる。

修練型の技術向上に必要な、継続的な実践の土台を支えるのは、強い関心である。うまくなろう、挑戦しようというエネルギーは、関心が生み出す。聴く技術を高めようと思っても、関心が弱いと、失敗した時に「やっぱり聴くだけじゃダメだ」などと、聴くこと自体の価値を否定したくなるかもしれない。もし技術を高めたいと思ったら、まずは関心を高めたい。

② 知識を増やす

技術向上のために増やしたい知識には、概念に関する知識と、やり方に関する知識の2種類がある。

概念とは、理論やフレームワークといったものだ。やり方は、その理論・フレームワークを実践・習得するためのプロセスである。

先ほどのプロジェクト報告書のつくり方に関心が高まった例で言えば、報告書とは何かや、伝わりやすい報告書のフレームワークを学ぶことなどが概念の知識にあたる。それに加えて、実際に作成するためのやり方に関する知識があると、実践の役に立つ知識となる。

知識がなくても、実践と振り返りを続けていれば、どんな技術であっても自然と高まる。しかし、知識がないと時間がかかる。職人の世界のように、技術の習得に5年、10年かけることが当然とされていて、本人もその覚悟で臨んでいれば問題ない。

しかし、ビジネスで使用する技術であれば、できるだけ短期間で高めるに越したことはない。知識は、効率的に技術を向上させる可能性を高めてくれるのだ。

本書では、3つの技術について概念の知識を記してきた。一方で、やり方についての知識は世の中に不足ぎみだと感じている。

料理についてのやり方の知識は、紙から動画にコンテンツが変わることで革命が起きたと私は思っている。聴く技術や伝える技術も、研修などではデモンストレーションやペアワークのようなインプットはあるが、本来はもっとリアルなやりとりの動画や音声が流通すると、技術向上が容易になると考えている。

そのための1つの方法として、私は今、動画で1on1セッションを解説する取り組みをしている。実際の1on1を録音してもらい、双方に了承を得た上で、セッション内での聴く、伝える、両立する技術について触れていくのだ。まだエール社内向けの段階ではあるが、準備を整えて一般公開もしていきたいと思っている。

③ 経験を重ねる

「技術を高めるには**実践**が欠かせない」というのは、直感的に分かりやすい。もしも、関心と知識があっても実践が伴わなければ、評論家になる。趣味ならこれでもよいかもしれないが、仕事においてはあまり好まれる行為ではない。技術を高めたければ、実践が必要なのだ。

しかし、実践するのは大変だ。最初は失敗しやすい上に、コミュニケーションにおいては実践に対する**フィードバック**を得るのも難しい。

経験を重ねるためには、忖度のないフィードバックをし合える仲間の存在が大切になってくる。

これまでに紹介してきたような定石や型を実際に使い、それに対するフィードバックを参考にしながら、地道に技術を高めていく必要がある。

関心を高め、知識を得て、実践を行う。このサイクルを回すことができれば、技術は確実に高まっていく。失敗を恐れず、このサイクルを積極的に回していこう。

技術向上における4つのステージ

次は、技術が向上していく時の順序について触れたい。
知らない技術を知り、できるようになっていく時には次の図のような4つのステージをたどる。

ステージ1「知らないから、できない」からステージ2「知っているが、できない」に移行するためには、まず知る必要がある。

自分は聴いているつもりだったけれど、それはwithジャッジメントの聞くであり、withoutジャッジメントの聴くというものを知らなかったとしたら、聴くについてのステージ1だ。

概念として頭で知ることはもちろん、実際に見て、聴いて、感じて体感的に知ることで、ステージ2へと移行していく。

ステージ2に進んだ段階で「できるようになりたい」という意欲を持っていれば、練習をする。そして、経験を重ねることで**ステージ3「考えれば、できる」**状態に移行する。

学習における4つのステージ

一般的な管理職として聴く、伝える、両立する技術を高めるのであれば、ステージ3を目標とするのがよいだろう。

普段はあまり意識をせずにコミュニケーションをしているが、必要なタイミングで意識をすれば（考えれば）、適切に聴く、伝えるがそれぞれ使えて、かつ、使い分けられる。この状態を目指すことが、現実的かつ合理的な目標設定だと私は考えている。

しかし、このステージ3への移行が最も根気がいる。知っているのにできないため、非常にもどかしい上、努力をしている割に効果がすぐに現れづらい。

失敗しても諦めずステージ3に移行するためには、高い関心を持ち続け、得た知識を繰り返し実践することが必要となる。

ステージ３に移行し、さらに経験を重ねていくと、**ステージ４「考えなくても、できる」**状態になる。相手の状況や自分との関係性を観察し、意識せずとも最適な技術を使いこなしている状態だ。

これは理想的な状態に思えるが、全ての人がこの状態を目指す必要はない。１on１がうまくできなくて困っているといったお悩みであれば、ステージ３で十分だ。

ステージ４を目指す必要があるのは、コミュニケーションそのものが仕事であるファシリテーターやコーチ、カウンセラーといった人たちだ。それ以外では、コミュニケーションを仕事上の武器にしたい人事部門や管理職の方は、ステージ４を目指してもよいかもしれない。

一方、ステージ４を目指すよりも大切だと考えていることがある。それが**技術の維持**だ。維持は、もともとの４つのステージのモデルには入っていない。しかし、車の運転やピアノ、料理と同じように、聴くや伝えるも、一度ステージ３やステージ４まで移行した人であっても、実践しない期間が長くなれば技術は衰える。ビジネスの現場でその技術を使うことを考えると、維持は非常に大切だ。

本書では、ステージ３または４の技術を維持するための行為を、ステージ３＋α、４＋

αと呼ぶ。

私はスキューバダイビングの資格を持っている。自分がダイビングをするだけでなく、ダイビング中のトラブルへの対処やパニックになった人を助けるための訓練まで受けた結果、レスキューダイバーという資格を持っている。

しかし、現時点では私のダイビングの技術は、ステージ1かステージ2というところだ。それは、資格取得が約20年前で、かつ、直近10年はまったくダイビングをしていないからだ。

明日ダイビングに行き、自分は有資格者だからと高をくくり、海に飛び込めば、おそらく大きな事故を起こすだろう。

自分がステージ1か、多めに見てもステージ2であるという自己認識を持っていないと危険な目に合う。

つまり、一度ステージ3やステージ4まで移行した人であっても、その技術を使わなかったら衰える。車の運転だって、ピアノだって、料理だって、実践しない期間が長くなれば技術は衰える。

当たり前のことを繰り返し言っているのは、本書で扱っている3つの技術においては、これが非常に重要なポイントだからだ。

なぜならば、聴くや伝えるは毎日実践していると勘違いしやすいからだ。これは車の運転や、ピアノ、料理などと大きく異なる点だ。

1年間、車の運転をしていないのに「最近、運転したな」と思うことはない。ここ2年ピアノを弾いていないのに「毎日ピアノを弾いている」と思うことはない。

しかし、本書で定義する聴くや、ゾーン3へのポジティブフィードバックは、日常のコミュニケーションをしていると、実践している気になることがある。実際に私がそうだ。コーチングの資格を取得した時よりも、絶対に聴く技術は衰えているにも関わらず、毎日仕事で聴くと似たようなことをしているので、技術を維持できていると勘違いしやすい。

例えば、キャリアカウンセリングやコーチングの資格を持っているからと言って、その人が傾聴技術が高いとは限らない。傾聴に関する知識はあるかもしれない。しかし、技術は使っていなければ衰えていく。

さらに言ってしまえば、キャリアカウンセリングやコーチングの資格取得時に培った技術というのは、いわば教習所で学んだ運転技術のようなものだ。教習所でいくら運転ができるようになっても、公道で運転ができるわけではない。

ステージ3以降の「できる」を維持したいのであれば、実践の場で聴く、伝える、両立するという技術を意識的に使い続ける必要がある。

自分が大切だと思ったコミュニケーションを定期的に振り返り、基本に忠実に実践していくことが、技術の向上・維持につながっていくのである。

自分は今、どのステージにいるか、そして、どこに向かおうとしているのか、今一度振り返ってみていただきたい。

技術を高めるための ヒント

ここからはステージを移行していくための実践におけるヒントをお伝えしていく。

主に、withoutジャッジメントの聴く、FBマトリクスのゾーン3への声掛け、観察力の3つについて扱う。

ステージを移行するために、特にどのようなことを意識し、実践すればよいか、必要なものに絞ってお伝えするので、自分が高めたいと思う技術の必要な部分のみを、かいつまんで読んでいただきたい。

そして、実践をする中でステージを1つ進めたなと感じたり、もしくは、思い悩んだりした時には、何度でもこの章を開いてみてほしい。あなたに刺さるヒントは開くたびに変わるはずだ。

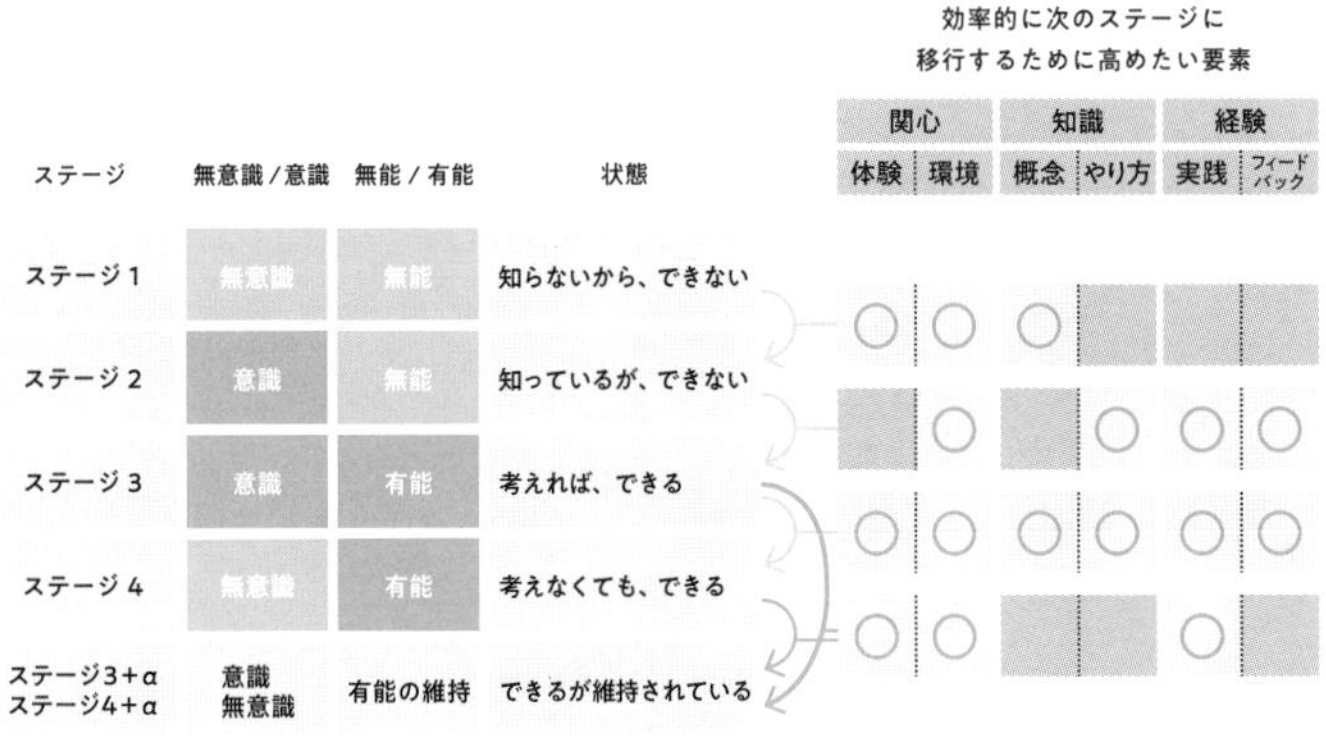

効率的に次のステージに
移行するために高めたい要素

ステージ	無意識／意識	無能／有能	状態	関心		知識		経験	
				体験	環境	概念	やり方	実践	フィードバック
ステージ1	無意識	無能	知らないから、できない	○	○	○			
ステージ2	意識	無能	知っているが、できない		○		○	○	○
ステージ3	意識	有能	考えれば、できる	○	○	○	○	○	○
ステージ4	無意識	有能	考えなくても、できる	○	○			○	
ステージ3＋α ステージ4＋α	意識 無意識	有能の維持	できるが維持されている						

聴く技術

ステージ1→ステージ2

聴くを知るためには、頭と身体の両方でインプットする必要がある。何が聴くで、何が聴くでないかは、頭で理解すると同時に、自分自身が聴かれる体験をすることで、身体で理解している状態を目指したい。

関心（体験） 自分の話を聴いてもらう

聴く技術を高めていく上で、聴かれる体験は欠かせない。あったほうがよいではなく、必須だと私は考えている。

本書を読んでくださっている方の中にも、自分が聴かれた体験を通して、聴けるようになりたいと思った方は少なくないはずだ。

エジプト料理を食べたことがない人が、おいしいエジプト料理をつくることは難しい。良し悪しの判断基準や、目指すべき目標が自分の中にないからだ。

それと同様に、聴かれた体験がない人に聴くを実践することは難しい。コーチングやカウンセリングのセッションを受けたり、自分の近況をあまり知らない過去の友人に話を聴いてもらうなど、可能であれば利害関係の薄い人に聴いてもらえるとよいだろう。

ただし、仮にプロのセッションを受けたからといって、毎回素晴らしい時間になるとは限らない。感動するレベルの聴かれる体験を得られることは稀だ。

「聴くって素晴らしい！」と思うような体験ができたとしても、聴いてもらいたかったのにうまく聴いてもらえなかったという体験でも、どちらであっても、聴くへの関心は高まっていくだろう。

関心（環境） 聴かざるを得ない環境を利用する

聴くが必要な環境に置かれれば、否が応でも聴くへの関心は高まる。その環境をぜひ利用していただきたい。

昨今では、部署を越えた斜めのメンター制度を取り入れる会社も増えてきている。そういった会社は、社内でメンターを募集しているケースも少なくない。

「聴くをしっかりと学んだことがない自分が、メンター役なんて……」と思うかもしれないが、思い切って手を上げてみよう。聴かざるを得ない環境を自ら手に入れるのだ。とはいえ、そうした状況では失敗しづらいのが現実だ。失敗を重ねながら技術を習得していくとはいえ、相手がいるのだから当然だろう。

1歩を踏み出しづらい場合は、やはりまずは自分の話を聴いてもらうところから始めていただくことをおすすめする。

知識（概念） 網羅的で納得感のある書籍や教材から学ぶ

聴くについての部分的なヒントやTipsのようなものが、世の中にあふれている。しかし、部分的なものから全体を理解するには時間がかかる。まず聴くの全体像を理解した上で「今はこの部分を学んでいるんだな」と理解して進めたほうが効率は良くなりやすい。

そのためには、インターネット上にあるような部分的なヒントやTipsではなく、全体像が網羅的に分かる書籍や教材を選んで学ぶことをおすすめする。もしあなたにとって本書が納得感のあるものだったら、ぜひ立ち返る場所として使っていただきたい。

ステージ2→ステージ3

頭と身体で理解した聴くを、実践するステージだ。1番根気がいるステージだからこそ、小さい成功体験を重ねていきたい。

一気に聴く技術の全てを高めようとするのはハードルが高い。非言語スキル→コンディション→言語スキルの順に取り組んでいくことをおすすめしたい。

知識（やり方）・経験（実践）

まずは非言語スキルから始める

聴く技術を向上させようと思うと、まず言語スキルから始めたくなる。

しかし、言語スキルよりも非言語スキルのほうが、シンプルで分かりやすい。そして何より、すぐに効果を実感しやすい。

どんな技術を高める時であっても、アーリー・スモール・サクセスは大切だ。

非言語スキルは、職場の人や家族に対して実践するのは少し恥ずかしい。まずは、利害関係の薄い人から試して小さな成功を手にしてほしい。

私は、自分の聴く技術がステージ2だった頃、聴く練習も兼ねて、休日のマルシェで少し暇そうにしていた帽子屋さんの話を聴いたことがある。

質問は難しいものではない。「いつも出店されているのですか」「いつから帽子屋さんをされているのですか」「始めたきっかけはなんだったのですか」など普通の質問だ。

非言語スキルに意識を向け、相手の関心事に関心を向けて聴いていくと、自然と非言語の状態が合っていく。

すると、気づけば朴訥（ぼくとつ）とした帽子屋さんが、面白いほど気持ちよさそうに話してくれていたのだ。考えてみれば当然だろう。こだわりを持って始めた自分のお店のことに関心を寄せて聴いてくれたら、誰だって嬉しいに決まっている。そして、去り際には、何も買うこともなく、ただ話を聴いていただけの私に「これ、お子さんにプレゼントです」と言って、子ども用の帽子をくださった。

こんなふうに、相手が自分の話をすることに前向きになる姿を見ると、非言語スキルの偉大さを知ることになる。非言語スキルの面白さをぜひ皆さんに味わっていただきたい。

知識（やり方）・経験（実践）

コンディションを整える

第2章でも触れたように、非言語スキルの次に意識すべきは、コンディションだ。なぜなら、非言語スキルと同じく、効果が実感しやすいからだ。

コンディションの中でも、身体と感情が整っているかは、聴きたいなと思った時の最初の確認ポイントだ。真剣に聴きたい場面では、体調や気持ちを整えて望んでほしい。

そこがクリアできていれば、話す環境にも意識を配りたい。

相手が、周りを気にせず話せる環境が用意できているか。自分も気になってしまうものが周りにないか。相手の話から意識が逸れない環境をつくることは大切だ。

また、相手と真正面で向き合うよりも、90度の位置や横並びに座ったほうがよい、というのはよく言われる1on1のTipsだが、オンラインの場合、選択の余地なく向き合った位置になる。

そのため私は、本当に深く話を聴きたい時には、あえてお互い画面をオフにして音声のみで話すようにしている。これは、お互いのコンディションを整える上で有効な方法の1つだ。

なお、普段の関係が近い相手であればあるほど、感情がコントロールしづらい。

ステージ2のタイミングでは、身近な相手は避けてもよいかもしれないが、どうしても身近な人への聴くを実践したい場合には、特に自分のコンディションを整えて臨むことを意識したい。

言語スキルに目を向ける

非言語スキルとコンディションが整って、ようやく言語スキルに目を向ける。

言語スキルを実践する上で、最初のステップとしておすすめなのは、テキストコミュニケーションだ。

「最初の5秒（文字であれば最初の1行）は聴く」や、今この話が「聴くMAP」のどこにいて、ここからどこに向かうとよいだろうかなど、さまざまなことを考える時間をかけられる。「相手と同じ言葉」「なぜではなく、なに」もぜひ使ってみてほしい。

口頭でやりとりする場合は、やはり直接的な利害関係が薄い人からの実践をおすすめする。また時間を短く設定するのもよいだろう。

身近な部下や家族の話を1時間じっくり聴くというのは、聴く技術に長けた人であっても、難易度が高い。まずは3分だけでよいので、利害関係の薄い人の話を聴いてみる。この時、一気に全ての言語スキルを使おうとせず、「今日はこれだけ意識してみよう」と、1つずつトライしていくとなおよいだろう。

自分にとって最適なハードルを設定し、チャレンジした自分をぜひ称えてほしい。

ステージ３→ステージ４

ステージ４に進みたいのであれば、とにもかくにも実践が必要だ。無意識で自然と身体が動くまで技術を高めるには、実践量が物を言う。そのためには、さらなる関心も必要になっていくだろう。

経験（実践）　とにかくたくさん聴くを使う

聴く技術をステージ４にしようと思ったら、一定の期間を決めて、集中して実践することがおすすめだ。「今月は徹底的に聴く」というように、タイミングや環境さえあれば、とにかく聴くを使う期間をつくる。

全ての会話で、相手の肯定的意図に意識を向け、相手の関心事に関心を寄せる。

これをひたすらやっていると、頭で考えずとも身体が自然と相手の非言語の状態と合っていくことが実感できるだろう。

すると「傾聴しよう」「受容しよう」ということではなく、自然と傾聴力や受容力が発揮されていると感じられるタイミングが訪れる。

私が集中してトレーニングしていた時に、すごく学びが多かった方法がある。それは道行く人に「なりきる」というトレーニングだ。これは、特に非言語スキルのトレーニングになる。

信号待ちをしている人を後ろから見て、「この人は今何を見て、何を考え、何を感じているのだろう」と想像する。すると、自然と相手と同じ姿勢を取り、同じ空気感を出そうとする自分がいる。

前を歩いている人と歩調や歩幅、腕の振り方、顔の角度、胸の張り方などを合わせてみる。すると、なんとなく相手の気持ちが伝わってくるような気がしてくる。もちろん、それが本当に合っているかは確認しようがない。しかし、相手と同じ景色を見ようとするというのはそういうことなのだ。

相手は今何を考えていて、何を感じているのか、相手の世界に一緒にいさせてもらおうとする。

そのような遊びをしていると、日常の会話でも、相手の表情、姿勢、ジェスチャー、息づかいが自然と合ってきて、面白いほど相手の話が聴けるようになっている。

もちろん非言語スキルだけでなく、言語スキルも実践する。頭の中で聴くMAPを移動しながら、4つの質問（展開、具体化、抽象化、俯瞰）を意識して使ってみてほしい。

このように、強化期間を決めたら、とにかく失敗を恐れず聴くを使っていくことが大切だ。

関心（体験） 大量の聴くに意識的に触れる

ステージ4を目指すのであれば、聴く技術が使われている、あらゆる場面に敏感になるとよいだろう。

社内ミーティング、お客様とのやりとり、あるいは家族の会話。さらに言えば、テレビやYouTubeのような動画でもよい。

あらゆる場面の聴くに意識を向け、たくさんの良い体験、悪い体験をすることで、聴くの価値と可能性をたくさん実感したい。

また、自分自身が聴かれる体験も増やしたい。

肯定的意図という信念があり、素晴らしい非言語スキルが使われている会話は、意識して観察しないと気づかないことも多い。

あらゆる場面に意識を向け、体験を蓄積していくことが、もっと聴けるようになりたいという関心を生み出すエネルギーになるだろう。

積極的に聴くを使う環境をつくる

職場での制度化は難しくとも、部下に「流行りの1on1をしてみたいんだけど」と持ちかけ、定期的な時間を設けることは不可能ではないはずだ。

「悩んでいる人なんてそれほどいないから、そんな場はつくれないよ」と思うかもしれないが、私のところには、さまざまな人から毎日のように「ちょっと相談してもよいですか？」という連絡がくる。

この「相談」は、必ずしも悩みについての話とは限らない。ディスカッションを求めているケースもあれば、アドバイスを求めている時もある。話を聴いて整理できたら、問題が解決しているケースも多い。自分のことを話したい人はたくさんいるのだ。

同僚や友人、家族、子どもに対してでもよい。テーマも何でも構わない。「今日は聴くぞ」と決めて異業種交流会に行く。バーに寄ってみるのもよいだろう。

ぜひ、自ら聴くを使う環境をつくりだし、聴くへの関心を高めていってほしい。

伝える技術

ステージ1→ステージ2

この段階では、ゾーン3の仕事・振る舞いに感謝・貢献を伝えるということが何であるのかを、頭と身体の両方でインプットしていきたい。特に自分自身が伝えられる体験を通して、身体で理解している状態が重要になる。

関心（体験） 自分の中に、ゾーン3の仕事を見つける

最も手軽に始められて、かつ、最もパワフルな方法は、自分の中にあるゾーン3の仕事を見つけることだ。1日1つでよい。自分の中にあるゾーン3の仕事を見つけてみよう。

まずは1日3分、ゾーン3に意識を向けてみる。

いつも遅刻ぎりぎりの行動をしてしまうという認識がある人は、少し余裕を持って準備

できたことを探す。自分は三日坊主だと思っている人は、4日続いたものを見つける。もし何も見つからなければ「毎日ご飯を食べている」という、本当に誰でも続けられる当たり前のことでもよい。

自分のゾーン3に注目をすることを積み重ねていくと、「こういう感覚か」「こんなふうに自分が変わっていくのか」という実感が得られるはずだ。この実感こそがゾーン3の仕事に注目するということへの関心の表れだ。

「毎日ご飯を食べている」なんて当たり前すぎる。そんなことに注目して意味があるのかと思われるかもしれないが、それでよい。むしろ、その感覚が大切だ。

なぜなら部下に対してゾーン3の仕事に感謝・貢献を伝えると、部下はこんなふうに思う可能性があるからだ。

「そんな当たり前のことに感謝されても……」。

「私のことを馬鹿にしているのですか？」

このような反応をされても、自信を持ってゾーン3の仕事への感謝と貢献を伝え続けるためには、まず自分自身でその効果を実感している必要がある。

ゾーン3へのフィードバックへの関心を高めることも、自分のことを、まず、ちゃんと聴くから始まるのだ。

関心（環境） 諦めかけている部下のゾーン3の仕事を探す

環境面から関心が高まる場合があるとすれば、どんな時だろう。

部下や同僚といった直接的な利害関係がある人に、伝えたいことがうまく伝わらない時。手を替え品を替え、伝え方を工夫してみたものの、どうしても伝わらず、どこかで諦めている時。

そのような時が、ゾーン3の仕事を探さざるを得ない環境と言えるのではないか。

例えば、部下が仕事を引き受けてくれたものの、アウトプットが意図に沿わなかったり、相談も報告もなしに納期に遅れる。これに対して、優しく、丁寧に教えてみたこともある。時には厳しく、指導をしたこともある。しかし、どうにも改善されないので半ば諦めている。

部下のためにも、組織のためにも、改善してもらいたいが打つ手がない。

このような状況の時にこそ、ゾーン3を探してみてほしい。

最初は見つけるだけでよい。伝えなくてもよい。

諦めているような状況では、例外的にうまくいっている時を見つけたからといって、褒める気にも感謝する気にもなれないこともあるだろう。

だからこそ、ステージ1では、ゾーン3に意識を向けて注目するだけで十分だ。

もし相手のゾーン3に注目ができなかったら、自分のことを、まず、ちゃんと聴いてみよう。諦めている自分ではなく、もし自分の中に諦めたくない自分がいたら、その肯定的意図に、ぜひスポットライトを当ててみてほしい。

ステージ2→ステージ3

頭と身体で理解したゾーン3に対するアプローチを実践していくタイミングだ。聴くと同様に、利害関係の薄い人から始める。そして、ゾーン1のポジティブフィードバックから始めて、ゾーン3のポジティブフィードバックへと実践を進めていくのがよいだろう。

知識（やり方）・経験（実践） 利害関係の薄い人に、感謝・貢献を伝える

ステージ2ではまず、ポジティブフィードバックに慣れていきたい。感謝や貢献を伝えることに慣れるところから始めよう。

普段はあまり感謝の言葉を口に出さない人もいるだろう。小さな声で、無表情で言って

いる人もいるかもしれない。

そのような人が、明日からいきなり部下や家族に対して、明るく大きな声で「ありがとう、助かったよ！」「いや〜、嬉しいなぁ！」なんて言うのは実践のハードルが高すぎる。

まずはポジティブフィードバックに慣れる必要がある。

最初は、利害関係の薄い人から始めよう。

初めて行ったコンビニで、店員さんが元気に挨拶してくれた時。カフェで紙コップに店員さんがメッセージを書いてくれた時。感謝する機会は日常にたくさん転がっている。

利害関係が薄い人であれば、あなたがもともとどんな人かなんて分からない。

初めて行ったコンビニの店員さんからしたら、笑顔で「ありがとう」と言ってくれる人は、素敵な人にしか映らない。

まずは1日1回。慣れていない人であれば、3日に1回でもよい。感謝の言葉を口に出してみよう。

もし「ありがとうぐらい笑顔で言えるよ！」という方は、貢献を伝える機会を探して実践してみてほしい。

例えば、コンビニの店員さんに対して、「元気な挨拶をしてもらえて、こちらも元気になりました」と伝える。紙コップにメッセージを書いてくれたカフェの店員さんに「メッセージ、いつもすごく嬉しいです」と伝えるのだ。

そしてこの時、非言語スキルも同時に意識して、相手よりも少しだけ明るく楽しい状態で伝えられれば最高だ。

知識（やり方）・経験（実践）

利害関係の薄い人のゾーン3に感謝・貢献を伝える

利害関係が薄い人へのポジティブフィードバックができたら、次は同じく利害関係の薄い人のゾーン3を探したい。

詳しくは第3章で解説したが、ゾーン3の仕事に対して感謝・貢献を伝えるというのは、非常にパワフルな表現手段だ。いつもは少し雑な作業をする配達員さんの丁寧な仕事を見つける。いつもは無愛想なコンビニ店員さんの明るい表情を見つける。そして、その行為に感謝・貢献を伝えてみてほしい。

ただ、期待はしすぎないでほしい。1回伝えたくらいでは、人は変わらない。「珍しいことを言う人がいるな」程度に受け取られることのほうが多いだろう。

相手の変化を期待しすぎず、伝える技術を高めるためのトレーニングとして、ぜひ楽しんでもらいたい。

ステージ3→4

聴くと同様、管理職が仕事をうまく進めるだけであれば、ステージ3で十分だ。もしステージ4に進みたいのであれば、日常生活の中でついついゾーン3の仕事・振舞いに注目をしてしまうくらい、実践をするしかない。

どのようにして実践を重ね、関心を高めていけばよいだろうか。

経験（実践）　伝える対象を、利害関係がある人に移していく

この段階では、利害関係が薄い人には半ば反射的に「ありがとう」「助かった」「嬉しい」という言葉が出てくるようになっているだろう。

それができるようになったら、徐々に利害関係がある人に対象を移していってみよう。身近な人に感謝・貢献を言葉で伝えるのは少し恥ずかしい。ただ、ステージ4を目指すなら、そこを乗り越えていく必要がある。

利害関係の薄い人に言葉をかける時と同様、まずはゾーン1から始める。

いつも会議室の準備や片付けをしてくれる人がいれば「いつも準備と片付けをしてくれ

てありがとう。すごく助かるよ」と言葉にして伝えてみる。

それができたら、次はゾーン3を探す。

いつもは報告が遅いメンバーの、適切なタイミングでの報告に感謝・貢献を伝える。いつもミーティングで意見を言わないメンバーが、自分の意見をはっきり示した時に感謝・貢献を伝える。

ゾーン3の仕事に感謝・貢献を伝えるというスキルがステージ4になると、人との関係が豊かになる。

そして、少し飛躍するが、そのようなコミュニケーションがある組織は、多様性を認め合い、違いを補い合える組織になっていく。

関心(体験) 日常の中にある上手な伝え方、下手な伝え方を探す

日常の中には、会話に限らず、伝える技術を学ぶヒントがたくさんある。

ゾーン2に注目するのではなく、ゾーン3に注目した表現を日常の中に見つける遊びは面白い。

「駆け込み乗車はおやめください」ではなく、「次の電車をお待ちください」というような表現をたくさん見つけてほしい。

飲み屋のトイレに「汚さないで」ではなく「いつもキレイに使ってくれてありがとう」と書かれていると、私は素敵だなと思う。

職場や家庭の中でのやりとりでも、「うまい！」という事例があったら、ぜひ私にも教えてほしい。

そこに自然と意識が向くようになったら、ステージ４に片足を踏み込んだと言ってよいだろう。

あとは実際に言葉にして感謝・貢献を伝えるという実践が待っている。ステージ４まであと１歩だ。

両立する技術

ステージ1→ステージ2

身体での理解が重要な聴く・伝える技術とは対照的に、両立する技術は頭での理解が大切だ。

聴いたほうがよいのか、伝えたほうがよいのか悩むというのは、体感的にはすでに知っているからではないだろうか。

だからこそ、このステージでは、頭での理解を進める必要がある。

知識（概念） 自分の観察力を疑うことで、両立とは何かを理解する

まずステージ1で大切なのは、自分の観察力を健全に疑うことだ。

自分の観察によって下される判断（聴くと伝えるの選択）が、適切でない時があるかもし

れないという前提からスタートすることはとても大切だ。

事実を解釈し、判断を下しているのは、あなたの価値観や信念というフィルターだ。

それらは、あなたの過去の経験（主には強い成功体験・失敗体験）からつくられるものであり、常に正しい答えを導き出せるフィルターではない。

この建設的な懐疑心が、両立する技術の概念の理解を助けてくれる。

関心（体験）　素晴らしかった体験を再体験する

悩んだり迷ったり、勇気がなくて1歩を踏み出せなかった時に、ありがたい関わり方をしてもらって、１歩前に進めた体験はないだろうか。

その時、その相手は高い両立する技術を発揮してくれたはずだ。ぜひ、その時、その相手が聴くと伝えるをどう使い分けて関わってくれたのかを思い出してみてほしい。

もし可能であれば、その方と改めてその時のことを話せたら最高だ。気づきは何倍にも増え、両立する技術への関心も格段に高まるだろう。

自分が相談した時に、何を意識して、どんなふうに関わってくれたのかを聴いてみよう。素晴らしかった体験を思い出し、それを再体験するのだ。

もし、そうした体験をすぐに思い起こせない時は、パネルディスカッションや有名人の対談など、あなたが関心のある人同士のコミュニケーションを見るのもよい。

素晴らしいと思ったコミュニケーションを、「なるほど、ここは聴いているな」「あー、ここはジャッジメントをして自分の意見を入れたな」というふうに、聴くと伝えるの使い分けに意識を向けながら見てみる。そうすると、両立する技術への関心は自然と高まっていくだろう。

関心（環境） 雰囲気を変えたい状況を探す

「メンバーとの1on1がうまく噛み合わない。聴こうにも話してくれないし、こちらの考えを伝えたところで伝わっている感じがしない」。

「他部署とのすり合わせが難しい。こちらが主張するほど空気は悪くなるし、相手の意見を一度聴いてもうまく事が進まない」。

こうした状況は、あなたがいつも選んでいるスキルを変えることで、雰囲気が変わる可能性がある。そう捉えると、両立する技術への関心が湧くのではないだろうか。

P231の8つのスキルマップを見ながら、対象となる1on1や打ち合わせで、いつも自分が選択しているスキルがどれかを考えてみてほしい。そして、違うスキル、表現手段を選ぶとしたらどれを選ぶとよいだろうと考えてみる。それだけでもヒントがあるだろう。

本当によくしたいと願う状況があること、それがあなたの両立する技術への関心を高めてくれる。

ステージ2→ステージ3

自分がいつも選ぶ表現手段に意識的になること。そして、いつもと違う選択をして、そこで起きることをまた観察すること。聴くと伝えるのあなたなりの黄金比は、この繰り返しによって見つかっていく。

そのために、このステージでは、まず自分がいつも選ぶ表現手段に意識的になる回数を増やすことが大切だ。

知識(やり方)・経験(実践) バイアスがかかりにくい相手で自分の観察力を磨く

利害関係が薄い人や、相手の事情・背景などをあまり知らない人であれば、良い意味でお互いにバイアスを持たずに会話ができる。

すると自分の観察力が、純粋に試されることになる。

例えば、異業種交流会や立食パーティーのような知らない人が集まる場は、観察力を鍛えるには最適だ。久しぶりに行く同窓会などもよいだろう。

初対面の人と名刺交換をした時に、その方からこう言われたとする。

「○○のお仕事をされているのですね。今まさに○○で悩んでいるのです。状況的には△△なのですが、そういった場合はどうしたらよいのでしょうか？」

これは、相手がアドバイスを求めてきている場面だ。

これまでであれば、いきなりアドバイスをしていた場面でも、観察力に意識が向いていれば、聴くという選択肢が候補に入るかもしれない。

まずは状況の解像度を上げたほうがアドバイスが刺さりそうだと考え、「状況的には△△とおっしゃっていましたが、もう少し具体的にお聴かせいただいてもよいですか？」と切り返してみる。すると、いつもと違った会話が広がる可能性もある。

こうしたチャレンジを、あえてあまり親しくない人とのやりとりで実践するのには、もう1つメリットがある。それは、相手からの期待がない分、こちら側がより自由な選択ができることだ。

実際のやりとりの中で自分がつい選択しがちな表現手段・スキルを認識し、自分の観察力の癖に対する自己理解を深めていけるとよいだろう。

ステージ3→ステージ4

ステージ4に向かうのであれば、難しい場面、正解がない場面、即決が求められる場面などで、自分がどのような選択をするかに意識を向けてみよう。

そして、利害関係がある人への表現をいつもと少し変えてみる勇気が必要なタイミングかもしれない。

関心（体験）・経験（フィードバック） どちらも正解という場面を振り返る

仕事でトラブルが起き、1時間で結論を出さなければならない状況が発生したとしよう。部長とあなたの同僚、あなたという3名で、緊急のミーティングが開かれた。意思決定に必要な事実関係のシェアを終えた時点で、残り時間は35分。

さあ、この場面であなたの上司である部長は、8つのスキルのうちどのスキルを使い、どういうプロセスで判断を下すだろうか。

こういった場面には正解がない。さらに、利害関係がある人が複数いる場合は、判断がより難しい。

このような時に、他の人がどのように観察力を働かせて事実を解釈し、最終的な判断をしているのかに意識を向けると、両立する技術への関心が高まる（この振り返りはとても有益ではあるが、ミーティングの最中ではなく、ぜひともミーティング後にゆっくりとしていただきたい）。

また、あなた自身がその選択を迫られることもあるだろう。withジャッジメントかwithoutジャッジメントか。聴くのか伝えるのか。即決を求められる時であればあるほど、自分の観察・解釈・判断に癖が出やすい。30分しかない1on1で重たい悩み相談をされた時や、明日が締切の納品物について相談をもらった時もそうかもしれない。こういう場面を経験したら、ぜひ自分の観察力に意識を向けて、振り返っていただきたい。

そうすることで、両立する技術への関心は自ずと高まり、結果的にそれが自分の両立する技術へのフィードバックとなっていく。

経験（実践）自分自身のバイアスにメスを入れる

上司部下、家族のような関係の場合、お互い相手に対するバイアス、つまり思い込みを持っていることが多い。

「この人はいつも優しく聴いてくれる」

「この人のアドバイスはいつも的を射ていて役に立つ」

「この人はいつもオープンに話してくれる」

「この人は私の話を真剣に受け止めてくれる」

「この人はアドバイスをしたところで、全く響かない」

など、さまざまなバイアスがあるだろう。

こうしたバイアスがプラスに働き、関係が良好であれば問題はない。

ただ、関係を改善したい、見直したいと思っている場合、お互いの思い込みがマイナスに働いている可能性がある。その場合、どちらかのバイアスにメスを入れる必要がある。

もしあなたが、新卒のメンバーに対して「彼は私にアドバイスを求めている」と思っているとしたら、自分自身のバイアスを一度疑ってみる。そして、1on1の時にアドバイスをせずに少し聴いてみる。すると、どんな変化が起きるだろう。そこで起きたことをまた観察するのだ。

ある会社の部長が、エールの「聴くトレ」という聴く力を高めるためのサービスを受けた。その数か月後に部長の部下である課長が同じく聴くトレを受けることになった。

その際、課長はこんなことをおっしゃっていた。

「いつも話してばっかりの部長が、突然話を聴くと言い出したのです。急にこの人どうしちゃったんだろうって思いました。どうせまた研修で何か学んだのだろう。どうせ三日坊主で、すぐに元に戻るだろう。そんなふうに思っていたのです」。

いつも伝えるばかりの上司が突然聴こうとしたら、こういう反応をされても仕方がない。

しかし、これが変化の第1歩だ。自分自身のバイアスを疑い、選択する表現手段を変えることでしか、関係は変わらない。

ここまでこの書籍を読んでいるということは、あなたは誰かとのコミュニケーションを変えたいと思っているのではないだろうか。それは職場の人かもしれないし、家族かもしれない。もしかしたら、あなた自身とのコミュニケーションを変えたいと思っているのかもしれない。

自分のバイアスにメスを入れ、ぜひ小さな1歩を踏み出していただきたい。

3つの技術に共通して必要な要素

ステージ2→ステージ3

3つの技術が、ステージ3に移っていく時に、「仲間」がいるといないとでは大きな差となる。成功や失敗を分かち合える、率直に忖度なくフィードバックをし合える仲間の存在は貴重だ。

関心（環境）失敗を前提として取り組みながら、アーリー・スモール・サクセスを称え合える仲間をつくる

エールでは、管理職の方々の聴く技術を高めるための支援を多数させていただいている。その中で、聴く技術が高まっていくケースをたくさん見てきた。

一方で、残念ながら時には望んだ効果が出ないケースも見てきた。

両者の違いはどこにあるのか。大きく2つの条件が影響しているように私には見えている。

まず1つ目は、**失敗を前提にしているかどうか**である。

管理職の方々に1on1の研修をする時に、最後によく伝えることがある。

「今日の研修の内容を明日から実践したくなると思いますが、すぐにできると思わないでください。むしろ絶対にうまくいかないので落ち込まないように覚悟しておいてくださいね」。

少し冗談っぽく言うが、この気持ちの準備ができているかどうかは大きな違いとなる。

管理職ともなると、ほとんどの仕事ができて当たり前だと思われがちだ。聴くについて学び始めたばかりであるにも関わらず、部下からは「これだけ聴くことが大事と言って1on1をしているのに、全く聴いてくれないじゃないか」と厳しい視点で評価される。

「最初はうまくいかなくて当たり前なのだ」という共通認識を全体でつくらないと、失敗したことを隠すようになる。そして、あまりにうまくいかないと、施策に対して文句を言う管理職も出てくる。失敗してもよいという前提が共有されていることが大切だ。

もう1つの条件は、**アーリー・スモール・サクセスを称え合える環境が整っているかどうか**だ。

例えば、スキーを始めたばかりの人が、初級者コースを初めて転ぶことなく滑ることができた。実に清々しい気持ちになるだろう。そこでもし、一緒に練習してきた仲間が称えてくれたら、喜んでくれたらどうだろう。「いや、まだ初級者コースだし」と謙遜（けんそん）しながらも、内心はとても嬉しいのではないだろうか。

逆に、仲間が無反応であったり、それどころか「初級者コースぐらい滑れて当たり前だろ」と心の中で思われていたら、どんな気持ちになるだろう。

本書でお伝えした聴くや伝えるも、新しく学ぶ技術だ。FBマトリクスで言えば、ゾーン2の仕事になりやすい。

しかし、時折うまくいく。この頻度は低いがうまくいった時に、称え合える仲間がいるかどうかは、継続して実践しようと思えるかどうかに大きな違いを生む。

エールが組織の支援をする際には、定期的に振り返りのワークショップをする。その中では、もちろんゾーン2にも目を向けるが、特に初期段階では、ゾーン3に注目して称え合う時間をしっかり設ける。

これがないと、技術向上のために実践するエネルギーが枯渇（こかつ）してしまう。

3つの技術を向上させたいと思ったら、失敗を前提に取り組みつつ、アーリー・スモール・サクセスを称え合える仲間をぜひ見つけてもらいたい。

経験（フィードバック） フィードバックを受けられる環境を見つける

コミュニケーションにおいて、利害関係がある人から、客観的で忖度のないフィードバックをもらうことは非常に難しい。

しかし、フィードバックを受ける環境があるかないかは、技術を効率的に向上させていく上では欠かせない要素だ。

もし、客観的で忖度のないフィードバックがほしいのであれば、利害関係のない人からのフィードバックをもらうことが大切だ。

コーチングスクールやキャリアカウンセラーの講座などに通っている人であれば、仲間同士でフィードバックをし合える機会はつくりやすいだろう。

そういった仲間がいなければ、手前味噌だがYeLLのサポーターになることも1つの選択肢だろう。

サポーターとは、エールが提供するオンライン1on1サービス「YeLL」で、ビジネスパーソンの話を「聴く」伴走者である。

上司部下という利害関係のある社員同士で1on1をするのではなく、YeLLのサポーターという社外人材と1on1を実施する。

サポーターになると実際に利害関係の薄いビジネスパーソンの話を聴く機会をつくることができるのはもちろん、サポーター同士でフィードバックをする機会も設けている。ほとんどの方が副業で登録をしている。

個人ではなく、管理職全員へのフィードバックを望むのであれば、そういった研修やサービスを検討してもよいだろう。エールの「聴くトレ」も、客観的で忖度のないフィードバックを得ることを意図して設計したサービスだ。

コミュニケーションは、フィードバックを得るのが非常に難しい。だからこそ、機会があれば、積極的に活かしていきたい。

ステージ3→ステージ4

この段階では、実践・フィードバックから得た経験と知識がつながっていく。だからこそ、知識を改めてインプットすると非常に有益なタイミングだ。

特に、3つの技術全ての土台となっている肯定的意図という信念について振り返る時間を持つとよいだろう。

知識（概念・やり方）これまで学んだ書籍や教材を振り返る

この時期は、広さ、深さともに知識を吸収できる。

最初に言われた時には「まぁそうだろうな」としか思わなかったことが、技術が高まるにつれて深く理解できるようになっていく。実際にできるようにならないと、理解できないことがある。経験と知識はセットになって初めて、自分のものになっていく。

だからこそ、このフェーズでは、これまで学んだ知識を見返してほしい。

書籍や動画、研修や講座の資料などの中で、自分が最も参考になったなと思うものを見返してみると、最初に学んだ時とは全く違う気づきがあるはずだ。「なるほど、ここはそういうことを言っていたのか」と、自分の経験と知識が紐づくことになるだろう。

知識（概念）肯定的意図という概念を改めて考える

このステージにおいて特に理解を進めていただきたいのが、肯定的意図という信念である。

実践を重ねると、この信念がいかに大切かに気づかされるはずだ。

一方で、信念を育むには時間がかかる。信念とは、長い年月をかけ、経験の積み重ねでつくられるものだからだ。

どんな相手の、どんな言動にも、肯定的意図があると信じるあり方は、一朝一夕には身につかない。自分の中にある多面的な人格に対して、それぞれ肯定的意図があるという信念を自分に定着させていくにも時間がかかる。

しかし、実践すればするほど、この信念がコミュニケーションに与える影響を無視できなくなるだろう。

折に触れて第2章を読み返しつつ、自分の信念を振り返り、育んでいっていただきたい。

ステージ3+α、ステージ4+α（できるを維持する）

3つの技術それぞれがステージ3、もしくは、ステージ4まで移ったのであれば、その技術が錆びないように維持したい。

定期的、かつ、意識的にその技術に触れ、実践することで、いつでもその技術を発揮できる状態を保っていこう。

関心（体験・環境）

定期的に触れることで関心を維持する

普段の生活では、強く意識をしない限り、聴くも、伝えるも、両立するも、頭に残ることなく流れていってしまう。

しかし、特にシビアな場面では、3つの技術の難しさと面白さが、存分に味わえるはずだ。

仕事で差し迫った場面、人生の大きな決断をする場面、こだわりがぶつかり合う場面。こういった場面では、聴く技術、伝える技術、両立する技術が分かりやすく現れる。そんな場面に立ち会った時には、聴く、伝える、両立するということにぜひ意識を向けてみてほしい。

意識をすることで3つの技術に対する関心が維持できるはずだ。

ダイエット法の1つで、体重や食事内容などを記録するというものがある。自分の体重や食事内容を意識化することで、自然と痩せていく（自己修正する）というアプローチだ。

スポーツにおいても、この事実の意識化と、それによる自己修正機能を利用したアプローチが利用されている場面をよく見る。

これと同じように、3つの技術においても、意識化することで自己修正機能が働くと私は考えている。

さまざまな場面で触れた聴く、伝える、両立するを自覚化・意識化することにより、関心が維持されるだけでなく、自己修正機能が働く。

「今、自分はこういうコミュニケーションをしたな」と自覚的になることで、結果的によりよいコミュニケーションが生まれるのだ。

このステージに来るまでには、素晴らしい聴くや、素晴らしい伝えるにたくさん出会っているはずだ。もし動画などで見返せるものがあったら、定期的に振り返ってみてほしい。

それが、あなたの技術を維持することに必ずつながっていく。

経験（実践） 定期的に意識をしながら、実践する

3つの技術を実践する場はいくらでもある。

部下との1on1、同僚の悩み相談、他部署と意見が合わない時などは、当然実践の場として活かしてほしい。

また、会社や上司が新しい戦略や方針・制度を発表した時にも活用できる。

聴くは上司が部下に対してするものだと思っているかもしれないが、部下が上司の意図

「この戦略や方針・制度の背景にはどんな想いや意図があるのだろう」と考えたり、解釈する行為は、聴く技術を有効に活かすことができるシーンの1つである。

その他にも、テレビやインターネットから流れてくるさまざまな意見に対して、

「この発言や行動にも肯定的意図があるのだろう」

「この人にはどんな景色が見えているのだろう」

と想像力を働かせてみるだけでも、聴く技術は維持されるだろう。

このように、さまざまな場面で、意識して3つの技術を実践していこう。

新しい技術を学ぶことは容易ではない

ここまで、各ステージに移るための考え方・やり方の一部をご紹介してきた。あなたは今、何から取り組もうと考えているだろうか。

あなたは、スマートフォンが登場してきた時のことを覚えているだろうか。最初はそんなものはなくても事足りていた。むしろ「そんなツールがあるから人間がダメになる」と言っていた人もいるだろう。

しかし、その存在を知り、便利さに気づいてしまうと、それなしの生活には戻れない。不可逆な世界だ。

本書でお伝えした聴く技術、伝える技術についても、同じことが言える。私は、聴くやゾーン3へのフィードバックなしの生活に戻ることは考えられない。

体験したことがない人からすると、そんなものはなくても事足りているし、うまくいっていると思うかもしれない。

しかし、実際に使ってしまったら、その便利さを味わってしまったら、不可逆な世界だ。

エールで組織づくりのサポートをしているある会社では、初めて管理職の方々にお会いした時、面と向かってこう言われた。

「なんで俺たちが聴くことを練習しなければならないのか。今でも部下の話、ちゃんと聴いていますよ」。

初回の研修では、明らかに「やる意味が分からない」といった様子の人が大半だった。

そうした方たちに対して、まずは自分自身が聴かれる体験を半年間かけて行った。

すると、徐々に聴くへの関心が高まっていった。

「なるほど、これが聴くか」「聴いていると思っていたけど、ぜんぜん聴いていなかった」。そのような感想がたくさん出てきた。

次のステップとして、概念とやり方の知識をインプットし、実際に現場でトライしてもらった。今度は自分が部下の話を聴く番だ。

しかし、やってみると失敗する。うまく聴けた感覚がない。自分が聴かれたようには聴けないのだ。

この会社は管理職全員で聴くを学んでいたため、「お前もうまくいっていないのか。そんなにうまくいかないよな」などと励まし合っていたという。

部下への聴くを意識し始めて3か月くらいが経った頃、ようやく「部下が話をしてくれるようになった」「上司が聴いてくれるようになった」という声が上がり始めた。

社内ミーティング中に聴くを実践していると「今、聴くの練習をしてる?」と冗談っぽく言われるほどに、聴くという振る舞いが根付いたという。

この変化に対して組織長は「1番の変化はミーティングが変わったこと。前は自分だけが話していたのに、聴くを学び始めてから、みんなが話すようになった」と言い、心理的安全性のスコアも驚くほど改善された。

これは、組織の30%を占める管理職が一斉に聴く技術を学び、成功も失敗も共有しながら、1歩ずつ前に進むことができたからこそ成し得た変化だ。

失敗を前提にして、小さな目標からスタートすること。どんなに小さくてもよいので早い段階で成功体験を持つこと。そして、仲間と声を掛け合いながら、自分たちのゾーン3の仕事・振る舞いを称え合うこと。

みんなで学習しているという事実は継続する力となる。コミュニケーションをよくしようとしている仲間は必ずいる。

もし心細くなった時には、この本をまた読み返してみてほしい。

少なくとも私は、コミュニケーションをよりよくしようと日々試行錯誤しているあなたの仲間だ。

うまくいかないことがあったとしても、「聴けない自分がダメなのか？」「うまく伝えられない自分がダメなのか？」と思わないでほしい。

こうして本書を読んでいる時点で、あなたはすでに変化するための第１歩を踏み出す努力をしている。そんな自分がいることに、あなた自身が目を向けてみる。

くじけそうになったら、自分のゾーン３に目を向けてほしい。そしてそんな自分に「よくやってるね。ありがとう。くじけずに努力している姿が見られて嬉しいよ」と声を掛けてあげよう。

今できているか否かよりも、今よりもよくしようと意識し、努力し続けることを大切にしていこう。

第6章

3つの技術を高めた先にあるもの

自己理解と組織理解による自律の時代

自己理解なしに、自律的に組織に関わることはできない

ここまで、3つの技術について解説してきたが、本章ではそれらの技術を高めた先に、個人と組織にとってどのような変化や変容が待っているのか、私なりの見解を書いてみる。

昨今、人事・組織の分野では「自律」というキーワードをよく聞くようになった。私は、会社も本人もwin-winとなる自律のためには「自己理解」と「他者理解」が欠かせないと考えている。

まずは、事例を挙げながら自己理解について考えていこう。

営業のプレイヤーとしてやってきたメンバーが、営業の企画職に憧れている。営業デー

タや販売データなどを分析し、次なる戦略を立てられるような自分になりたいと考えている。

思い返せば、大学時代には統計学が好きだったし、データ分析をしていた時はとても楽しかった。そういった道に進みたいなと思い、社会人大学のデータ分析の講座にも通い始めた。

そんなタイミングで、来期の営業戦略を考えるために、定性面と定量面から示唆を出そうというプロジェクトが動き始めた。

その仕事に対する意欲があり、大学にまで通って勉強もしている自分は、もちろん定量面の分析チームにアサインされると思っていた。

しかし、現実はそうはならなかった。

部長に「なぜ自分をアサインせずに、あの人がアサインされるのか。理解ができない」と迫ると、「Willはあるけど、Canが足りない」、さらには「自分のCanに対する理解が浅い。自分は何ができて、何ができないのかが分かっていないメンバーにあの仕事は任せられない」と言われてしまった。

Willというのは絶対的だが、Canというのは相対的だ。社会や組織の中での相対的なポジションを自覚して初めて、その組織において自分という存在の活かし方を考えられる。

いくら意志や意欲があったとしても、他に能力的に優れた人がいれば、その仕事に携わなる。

つまりこの人は、Canの自己理解が浅いために、組織に自律的に関われていないことにもなる。

Canはあるのに、Willの自己理解が浅い故に、組織に自律的に関われないケースもある。過去の仕事の経験上、セキュリティについては非常に深い知識と経験がある。組織の中では圧倒的なCanの高さだ。

そのためセキュリティ関連の打ち合わせには、ほぼ全てアサインされる。組織の役に立てている実感もあるし、みんな喜んでくれる。

日々忙しいので、セキュリティの仕事をしていれば時間は過ぎていくが、時々このままでよいのだろうかと思うことがある。

思い返してみると、セキュリティの仕事を始めたのは、最初の会社でたまたま配属されただけだ。自分が望んだわけではない。得意ではあるけれど、好きではないのだ。

だからといって、セキュリティ以外の仕事を模索するのか、転職を検討するのかを考える時間を取っているわけでもない。

このパターンは、Canはあるが、Willがないケースだ。

自分自身が、何が好きで、何に意義や価値を感じるのか。そのような理解なくして、組織に対して自律的に関わるということは難しい。

では、どうしたら自己理解を深めることができるのだろうか。

自己理解は、聴かれることで深まる

自己理解を深めるためにはさまざまな方法がある。

ストレングスファインダー®やエニアグラム、ＭＢＴＩのような自己分析・自己理解のための大変優れたツールを思い浮かべる人もいるかもしれない。

私は話すという行為、つまり、聴かれるということが、非常に有効な手段だと考えている。


自己理解において聴かれることが他の方法よりも優れている点を3つ示しておく。

1つ目は、「自分が、自分の何を理解したいのか、自分でも分かっていないことが多い」ということだ。

自己理解の最初のステップでは、「自分が、自分の何を理解したいのか」を明確にする必要がある。上記で挙げたツールを使うにしても、何を明確にしたいか分かっていなければ、どのツールを使うかが決まらない。

自己理解の最初のステップでは、自分の頭の中にはぼんやりとあるが、まだまとまっていないものを、とにかく雑に吐き出し、その解像度を上げる必要があるのだ。

このような場合に「聴く」が非常に有効なことは、本書で述べてきた通りだ。

2つ目の理由は、自己理解は後回しになりがちであるということだ。

自分のことを知りたいと思っていても、そのために真剣に時間を使うのは、就職活動や転職活動をする人ぐらいかもしれない。

しかし、働く組織に対する自律的な関わりが求められる今、本当にそれでよいのだろうか。

YeLLのサポーターは、組織で働く人の話を、隔週30分、3〜6か月継続して聴かせてもらう。

相手は管理職の方々が多い。忙しくない人なんていない。多くの方が「自己理解のために使う時間はない」と、最初は社外1on1に懐疑的だ。

しかし、数回で気づき始める。「これは後回しにしていたけれど、本当は自分が求めていた時間かもしれない」と。

モチベーションも、当事者意識も、自分の話をすることから始まる。自分の考えや気持ちを話すことが、自己理解を深め、自律的に組織に関わるための出発点になるのだ。

3つ目の理由は問いだ。素晴らしい問いは、その時、その場でしか生まれない。問いは何（What）も大事だが、どんな空間で（Where）、誰から（Who）、どんなタイミングで（When）、どのように（How）投げかけられたかによって、出てくる答えが変わる。例えば、「あなたはなんのために働いているのですか？」というのは考える価値のある問いだ。しかし、自宅のリビングで子どもから真っ直ぐな眼差しで問われた時と、興味本位でダウンロードしたスマホアプリからこの問いが出てきた時とでは、答えが変わる。

自己理解を深めるための問いは、世の中に無数にある。しかし、誰かと話をする中で、その場でしか生まれない問いに向き合うことでしか得られないものがある。

論理的に説明することはできないが、たくさんの人のたくさんの場面に立ち会ってきたからこそ確信することがある。

相手の幸せを真剣に願った人から生まれた問いには、ものすごい力がある。偶然のようで、必然の問い。その場でしか生み出されない問いというものが、聴くという場にはある。

組織だけでなく、社会全体としても自律が求められる時代において、自己理解の大切さはより高まっていくだろう。

「聴かれる」という行為は、自己理解をする上で中心的な役割を果たすはずだ。

自律には、他者理解（組織理解）が欠かせない

自律を考える上で見落とされがちな視点がある。それが他者理解だ。働く人が組織の中で自律するためには、自己理解だけでは不十分だ。

以前私は、娘の希望で地域の大人たちが主催する肝試しに行った。

当時、私たち家族はその町に引っ越してまだ3、4か月だったため、主催者側にも知り合いが数名しかおらず、ほとんどがはじめましての方だった。

会場であるお寺に着くと、大人たちは準備に忙しそうだ。私も何か手伝いたいなと思った。Willとしても、そういう場では積極的にお手伝いをしたいタイプだ。そして、Canとしても、役に立てることはあると思った。

「何かお手伝いしますか？」と言うと、指示をもらえた。もらった指示をスピーディーにこなしていくものの、それが終わると次にやることが分からない。

だんだん「お手伝いしますか？」と聞くのも申し訳なくなり、最後には結局、見ている

だけの人間になった。つまり、その場に自律的に関わることを諦めたのだ。

私は、このような仕事をしていることもあり、自己理解度が比較的高い人間ではないかと思う。

自分がどんなことが好きで、どこに強みを持っていて、他の人と比べてどういう時にパフォーマンスを発揮するのか。逆に、どういうことが嫌いで、苦手なのか、どんな場面では役に立たないか。

つまり、自分がある共同体でどのような役割をすることが、周りの役に立ち、かつ、自分にとっても心地よいのかということへの理解度は低くないほうだと思う。

しかし、いくら自己理解が深く、自律的に関わろうという意欲があったとしても、関わる相手への理解が浅いと自律的に関わることができないのだ。

同じような経験を、子どもの学校のＰＴＡ活動や、初めて参加したボランティア活動でしたことがある人は少なくないだろう。

昨今、多くの会社が自律的な社員を求めている。自律的になるための制度や研修を用意し、働きかけをしている会社も少なくないだろう。

しかし、そこに他者（組織）理解という視点は抜けていないだろうか。

自己理解と他者（組織）理解。この両者ができて初めて、人は組織に自律的に関わることができるのである。

他者理解は、聴くことで深まる

では、他者理解はどうやって深めればよいのだろうか。

私は、本書で説明してきた聴くという行為が、他者理解を深めるための非常に優れた手段だと考えている。

他者理解には、会社理解、組織理解、個人理解など、さまざまなレイヤーがある。

例えば、会社理解について考えてみよう。

これまで、経営理念、パーパス、ミッション、ビジョン、バリューといったものは、長年変わるものではなかった。

しかし、これほどまでに社会の変化がスピード感を増すと、会社が社会の中で役割を果たすためには、ミッションやビジョンを変える必要も出てきているだろう。

速いスピードで変化し続ける会社への理解なしに、そこで働く人の自律は実現しない。

また、これまでは新卒一括採用、終身雇用という制度を前提に、日本社会は成り立ってきた。こうした状況では、ことさらに他者理解を意識せずとも、ある程度お互いのことを理解し合えていただろう。

しかし、人材が流動化し、さまざまな働き方が許容される世の中では、組織の中に多様な人が増えていく。

同じような価値観の人たちで構成されていれば、相互に理解し合う時間は不要だ。しかし、多様な人たちと関わりながら、それぞれが自律的に働ける環境をつくろうと思ったら、お互いに理解し合うことが重要だ。


おそらく会社としては、変化する経営理念やミッション、ビジョンが社員に届くように、丁寧に言葉にして発信をしているのだろう。

しかし受け手としては、言葉やその言葉の意味は理解できても、その背景にある意図や文脈を理解するのは難しい。

新しいビジョンが浸透するには、伝える側の努力に加えて、受け取る側にも意図や文脈を理解する姿勢と力が必要になる。

そこで大きな力を発揮するのが、聴く力なのだ。


これまでの経験をもとに生まれる自分のジャッジメントを一旦脇に置いて、「この会社にとって、この組織にとって、この人にとって、何が大切で、そこにはどんな意図や文脈が流れているのか」を受け取る。

これは、聴く力があって初めてできることだ。聴く力なくして、他者理解はなしえないのである。

人が自律的に何かと関わるためには、自己理解も他者理解も必須だ。どちらかだけでは不十分だ。それは、会社でも、家族でも、パートナーシップでも同じである。

聴かれることによって自己理解を深め、聴くことによって他者（組織）理解を深める。

この2つがセットになって初めて、個人も幸せで、かつ、関わる共同体の生産性も高まるという関係性が生まれてくる。

あなたから「聴くの連鎖」を生み出そう

与えると喜ばれるものが、変化している

最後に、「聴く」を実践していった先に、どのような未来が待っているのかを考えて本書を締めくくりたい。

本書をここまで読んでくださっている皆さんは、Giveの精神にあふれた方々だろう。自分のコミュニケーションを見直すことで、関わる相手や組織に良い変化を生み出したいと願うことは、Giveの姿勢に他ならない。

しかし、何を与えれば喜ばれるのかは、時代や環境によって異なる。

車をあげると言ったら喜ばれる時代もあったが、最近では車は所有したくないという人も多いという。

以前は管理職に昇進することは喜ばしいことだったが、今では管理職になりたいと思わない人も増えている。

コミュニケーションだって同じだ。喜ばれるものが変化していく。

経験や知識が貴重だった時代は、教えることが最大のGiveだった。先輩や上司の過去の経験を共有してもらったり、自分で調べたら何時間もかかることを教えてもらえるのは、ありがたいことだった。

しかし、今や先輩や上司の過去の経験は役に立ちづらくなり、先輩や上司に聞くよりも、インターネットで検索したほうが広範で深い知識が得られることも増えた。

教えることで相手に与えられる価値が、昔に比べ、相対的に小さくなっているのだ。

では、どのようなコミュニケーションがこれからの時代のGiveになるのか。

それが、聴くであり、ゾーン3へのフィードバックなのだ。

昔は、今と比べて個人の悩みは似通っていた。大企業に入社すれば、20代後半でこのようなことに悩み、30代の悩みはこのようなもの。女性はこのタイミングでこういう悩みに直面し、男性はここで悩む。似通っているが故、相手の悩みを聴かずとも、解像度を高く持つことができた。

しかし、今は悩み事も人それぞれ、多種多様だ。同じ職場で働いているからといって、同じ悩みを抱えているとは限らない。

そのような状況において、コミュニケーションでできる最大のGiveの1つが聴くなのだ。

「今関心があることはなんなのか？」

「今悩んでいることはなんなのか？」

自分の関心や悩みを話せる場を提供すること自体がGiveとなる。

そしてもちろん、話を聴くことで、その悩みや関心事の解像度が上がることもGiveだ。解決策や良いアドバイスが出せれば最高だが、もし解決策を出せなくても、良いアドバイスができなくても、話せたこと、解像度が上がったこと自体がGiveとなるのだ。

また、ゾーン3へのフィードバックもまた、これからの時代にふさわしいGiveと言える。自律的なキャリアを考えようとする際、これまではビジョンを描き、逆算的に目標をブレイクダウンしていくことがよしとされてきた。バックキャスティングというアプローチだ。

しかし、変化が激しい時代においては、このアプローチが通用しづらくなっている。このバックキャスティングによって働き方を考える方法と並んで、私がよくお伝えするのが、価値観からフォアキャスティングで考える方法だ。

自分の大切にしていることを仕事と紐づけて、価値観を満たした仕事を積み上げていくことで、自律的な働き方をつくっていくというアプローチだ。

研修でこれを伝えると、多い時には参加者の半数ぐらいが「キャリアにビジョンがないことで悩んでいました。価値観から考えてもよいのだと言ってもらえてすごく安心しました」とアンケートに書いてくださる。

決して、10年後のビジョンを描くことが悪いことだと言いたいわけではない。

しかし、これだけ変化の大きい時代に、10年後のビジョンを描ける人がどれだけいるだろうか。

これまで多くの成功者たちが、ビジョンを描き、そこに向かって努力することで成功した。だからそれがよしとされているが、全ての人にそれが当てはまるわけではない。

ビジョンが描けないということは、理想と現状とのギャップに注目することも難しいということだ。

そういう意味で、理想と現状のギャップに注目するというアプローチ、つまりゾーン2へのフィードバックの比率を下げてもよいのかもしれない。

その代わりに、ゾーン3への声掛け・関わり方が求められ、喜ばれるようになっている。

相手の肯定的意図を聴き、それが周囲に建設的に発揮された仕事や振る舞いに対してポジティブなフィードバックをすることが、今の時代と相性のよいGiveの形なのだ。

今までよりも少しだけ、聴くの比率、ゾーン3へのフィードバックの比率を高めてみよう。

きっと目の前に素晴らしい変化が起きる。私はそう信じている。

あなたのGiveは、空間と時代を超えて、つながっていく

とある友人の話で、中国福建省（ふっけんしょう）にある「福建土楼（どろう）」という住居のことを知った。

この住居は、日本でいうマンションの端と端をつないで円形や正方形にしたような集合住宅で、ぐるりと1周できるような構造になっているそうだ。

世界遺産にもなっているものもあり、ここから中国の政治家や、東南アジアの首相、大統領などが数多く輩出されているとのことだ。

福建土楼のご出身という、その友人の奥さまが、この土楼で大切にされている「教え」の1つに、このようなものがあると教えてくださった。

「隣人に親切にしてもらっても、その人にお返しをしてはならない。右隣の人に親切にされたら、反対の左隣の人に親切にしなさい」。

この教えが実際にどの程度浸透しているのか、私には分からない。

しかし、この奥さまがその教えを大切にされていることは伝わってきたし、私もその教えに強く共感をした。

日本には「恩送り」という言葉がある。いただいた恩をその人に返すのではなく、次の人に送る。

私は、聴くは恩送りだと考えている。

悩んだ時、迷った時、前に1歩進みたい時に、誰かにじっくり話を聴いてもらう。聴かれることで、自分の気持ちや考えが整っていく。それによって、自分に何かしらの良い変化が起きる。

すると、自分も聴くことで誰かの役に立ちたいと思う。そして、実際に話を聴くと、相手の気持ちや考えが整っていく。

この、聴かれる↓聴きたい↓聴く（＝次の人が聴かれる）という流れは連鎖する。

これを私は「聴くの連鎖」と呼んでいる。

しかし、ここまで何度も伝えてきたように、身近な人の話を聴くのは難しい。

身近なのに聴けないのではなく、身近〝だから〟聴けないのだ。

ご多分に漏れず、私も聴けない。自社のメンバーの話、妻の話、母の話となると、聴いたほうがよいと頭では分かっていても、ついジャッジメントしてしまう。

しかし、もし今この本を読んでくださっているあなたの部下やご家族の話であれば、私はおそらく2時間でも、3時間でも聴き続けられると思う。

あなただって同じだろう。聴く技術は持っている。しかし、身近な人が相手だからその技術が発揮しづらいだけだ。利害関係の薄い人が相手であれば、高い聴く力を発揮できるのではないだろうか。


だとしたら、「みんなで聴くを循環させませんか」というのが私からの提案だ。

提案と書いたが、実はすでに起きていることでもある。

先ほど挙げたように個人の体験として自然に起きていることもあるし、エールが提供するサービス内で起きているのも聴くの連鎖だ。社外から、利害関係の薄い相手だからこそ、できる関わり方がある。

身近な関係でないからこそ届けられる聴くが、会社という組織の枠を超えて、実際に連鎖・循環する。これが日本中の誰もが知るような大企業と大企業の間でリアルに起きていることが、聴くにおける希望だと私は思っている。

そして、さらにこれは時代をも超えていく。

あなたが部下や子どもの話を聴けば、その部下や子どもは、次の世代の人の話を聴く人になっていく。

このページを読んだ今日、ぜひ聴く時間をつくってみてほしい。1人でよい、3分でよい。寝る直前に本書を読んでいるあなたは、ぜひ明日、1人でよいから、3分でよいから、誰かの話を聴いてみてほしい。

あなたが誰かの話を聴くことが、空間を超え、時間を超える「聴くの連鎖」の1歩となる。

最後に、アダム・グラント氏の著書『GIVE&TAKE』の一節を引用して、本書を締めくくりたいと思う。

テイカー（真っ先に自分の利益を優先させる人）がネットワークを築くと、決まった大きさのパイからできるだけ多くの利益を自分のために奪おうとする。（中略）ギバー（人に惜しみなく与える人）がネットワークを築くと、パイそのものを大きくするので、誰もが大きめの一切れをもらえる。

本来人間が持っている、聴きたい、聴かれたいという欲求を活かし、聴くの連鎖を生み

出していく。

それにより、聴くというあり方や行為が、世の中で増えていったら、この世界がより一層素敵なものになるのではないだろうか。

おわりに

『まず、ちゃんと聴く。』というタイトルを見て、本書を手に取った方が、自分の周りにいるさまざまな人とのコミュニケーションに思いを馳せながら、本書を読んでいる姿を想像すると、胸がいっぱいで涙が出てきそうだ。

それは、目の前の誰かを想ったり、チームや会社のことを想い、それを誰かのせいにするのではなく、自分にできることはないか、自分が変われることはないかと思いながら、コミュニケーションというものと向き合っていることが、とても尊いなと感じるからだ。

さて、少しだけ過去に戻ってみてほしい。

あなたがこの本を書店で手に取った時（もしくは、ウェブ画面で購入ボタンを押した時）、どんな気持ちで手に取ってくださっただろう。

タイトルを見て、「まず」に引き寄せられた人もいれば、「ちゃんと」に興味を持った人、「聴く」に関心があった人もいるだろう。

少なからず、「誰か」の話を聴くことを大切にしたい（しなければ）という気持ちがあり、手に取ってくださったのではないかと思う。

一方で、本書を書き終えた今、私にはこのような問いが浮かんできた。

「この本を通して、最も表現されたがっていたことは、なんだったのだろうか」。

ここまできて、なんて難しい問いを考え始めてしまったのだろう。

すぐには答えが出なさそうなので、ちょっと違うことを考えてみる。

このように書くと無責任だと思われそうだが、この本は、私が書きたくて書いたわけではない。

少し違和感のある表現かもしれないが、「この本が、誰かに書かれたがっていそうだ」「この本は書かれる必要がありそうだ」と感じてしまったのだ。

それを強く感じてしまったからには、私が文字にする役割を担うべきだなと思い、筆を執らせていただいた。

聴くという、人間にとってこれほど普遍的な行為について、私なんかが何かを書くなんておこがましい、と今でも思っている。

しかし、役割をいただいた以上はと、先人たちが蓄積してきたコミュニケーションに関する叡智と、今具体的に目の前で起きているたくさんのコミュニケーションをつなぎ、この時代に役立つ形に再編集してきたつもりだ。

私が新たに生み出したことなどほとんどなく、すでにそこにあって書かれたがっていたものを読みやすくするために形を整えたり、名前をつけたりしてまとめたに過ぎない。

そういう意味で、この本は私が書いた本ではなく、みんなで形にした本と言ってもよいのではないかと思っている。

一旦、私が文字にするという役割を請け負ったが、書籍という形で世に出た時点で、私の手からは離れ、また、みんなの元に戻っていった。

この本を1つのたたき台にして、私たち自身がより一層「幸せだなぁ」と感じながら生きられる世の中にしていくために、みんなでコミュニケーションを進化させていけたらよいなと思う。

ほんの少しでもそんなことが実現できたら、この本がこの世に生み出された意味があるし、この本も喜んでくれるのではないだろうか。

さて、本文の中でも書いたが、私自身、こんなタイトルの本を書いておきながら、職場でも、家庭でも「うまく聴けている」なんて、口が裂けても言えない人間だ。
しかし一方で「ちゃんと聴けているか？」と問われれば、ある程度の自信を持って「はい」と答えられる。

職場でも、家庭でも、瞬間的には反応的な態度を取ってしまうこともある。きつい言葉で言い合うこともある。
しかし、少し落ち着けば、相手の幸せを願い、相手の肯定的意図を信じる自分がそこにいることは間違いない。

そんな私の肯定的意図を、私自身が絶対的に信じている。
それさえあれば大丈夫なのだろう。

なるほど。つまり、
あの人のことを、まず、ちゃんと聴く前に、
あなたがあなたのことを、まず、ちゃんと聴く。

本書を通して、最も表現されたかったメッセージは、これだったのかもしれない。

もし、もう一度この本を読み返すことがあれば、あの人ではなく、あなた自身とのコミュニケーションに思いを馳せながら読むことをおすすめして、本書を締めくくらせていただく。

私も、私自身とのコミュニケーションに思いを馳せながら、もう一度この本を味わってみようと思う。

2023年10月

櫻井 将

【著者紹介】

櫻井 将（さくらい まさる）

エール株式会社 代表取締役。

横浜国立大学経営システム科学科卒業。新卒でワークスアプリケーションズ入社。新規営業にて社長賞を受賞後、人事総務部のマネージャーを経て、GCストーリーへ。営業、新規事業開発、マクロビオティック事業の子会社などを担当。両社にてGPTW「働きがいのある会社」ランキングにてベストカンパニー受賞。GCストーリーで働く傍ら、幼児教育のNPOを立ち上げ、保育士資格を取得。ビジネス、幼児教育の現場にいる中で「聴くこと」の価値と可能性を強く感じ、2014年から心理学やコーチング、カウンセリングなどのコミュニケーションを本格的に学び始める。2017年2月よりエール株式会社に入社、同年10月に代表取締役に就任。社外人材によるオンライン1on1サービス「YeLL」や、聴く力向上のためのオンライン研修「聴くトレ」の開発・販売に携わり、エールで提供するオンラインセッションは年間30,000件以上にのぼる。自社のメンバーとの1on1は年間300回、「聴く」にまつわる講演や研修は年間50回以上行うなど、自身も日々「聴く」に向き合い続けている。慶應義塾大学システムデザイン・マネジメント研究所研究員として「個人の幸せと組織の生産性の両立」についての研究も行う。

まず、ちゃんと聴く。
コミュニケーションの質が変わる「聴く」と「伝える」の黄金比

2023年10月30日　初版第1刷発行
2024年9月25日　第9刷発行

著　者――櫻井　将

発行者――張　士洛
発行所――日本能率協会マネジメントセンター
〒103-6009 東京都中央区日本橋2-7-1 東京日本橋タワー
TEL 03(6362)4339(編集)／03(6362)4558(販売)
FAX 03(3272)8127(編集・販売)
https://www.jmam.co.jp/

カバーデザイン――小口翔平＋嵩あかり（tobufune）
本文デザイン――マツヤマ チヒロ（AKICHI）
編集協力――梅田悟司、三坂 輝
本文イラスト――Illustrations provided by Freepik（一部）
DTP――株式会社 RUHIA
印刷・製本所――三松堂株式会社

ISBN 978-4-8005-9131-9　C2034
落丁・乱丁はおとりかえします。
PRINTED IN JAPAN